QUE SAIS-JE ?

Les fondements du contrôle de gestion

HENRI BOUQUIN

Professeur de sciences de gestion
à l'université Paris-Dauphine

Quatrième édition mise à jour
14e mille

OUVRAGES RÉCENTS DU MÊME AUTEUR

Comptabilité de gestion, Paris, Économica, 6e éd., 2011.
Le contrôle de gestion, Paris, PUF, coll. « Gestion », 9e éd., 2010.
Audit opérationnel, en collab. avec J.-C. Bécour, Paris, Économica, 3e éd., 2008.
La comptabilité de gestion, Paris, PUF, « Que sais-je ? », no 3175, 3e éd., 2003.
Les grands auteurs en contrôle de gestion, coord., Caen, Éd. EMS, 2005.

ISBN 978-2-13-059013-2

Dépôt légal – 1re édition : 1994
4e édition mise à jour : 2011, août

INTRODUCTION

Depuis ses origines dans les années 1920, le contrôle de gestion est une clé du gouvernement des entreprises et de bien d'autres organisations. Modèle générique adaptable au-delà de la grande entreprise privée, il structure et médiatise les relations entre les dirigeants et d'autres parties prenantes, spécialement les managers auxquels la direction délègue.

I. – Les finalités

Le contrôle de gestion d'aujourd'hui est né du besoin de manœuvrer efficacement des organisations complexes pour en préserver la performance économique. La plupart des entreprises, comme d'autres organisations, publiques et privées, se trouvent confrontées depuis longtemps à un environnement qu'elles doivent anticiper, choisir, sinon tenter d'influencer, pour survivre et remplir leurs missions. *Leurs dirigeants ont besoin d'information d'aide à la décision et spécialement d'aide à l'anticipation*. C'est une première mission du contrôle de gestion ; elle répond à un besoin général, qui touche même les très petites entreprises : savoir où l'on en est, mesurer et évaluer sa performance économique, identifier les points forts, les risques et les voies de progrès, décrypter l'avenir, choisir une solution, fixer un objectif. L'enjeu est de mettre en cohérence les capacités de l'organisation et les potentialités de l'environnement. Cette nécessité est d'autant plus marquée que l'environnement change vite, que les dirigeants ne le pratiquent pas directement (en rencontrant des clients, des fournisseurs, etc.), que les compétences à détenir sont périssables, les performances à réaliser discriminantes, que la réactivité est faible et les manœuvres délicates. Le contrôle de gestion est une fonction d'appui à la décision par ses dispositifs d'alerte (tableaux de bord), d'analyse et d'anticipation (simulations financières, plans et budgets), de suivi.

Toute organisation est une division du travail et la croissance oblige à déléguer des pouvoirs de décision. Les dirigeants doivent donc coordonner les décisions et actions déléguées. La supervision hiérarchique directe peut y parvenir, au prix élevé du temps des dirigeants. Rapidement, la taille de l'entreprise, l'éloignement, la complexité interne ne permettent plus à la hiérarchie de s'en remettre à l'observation directe. *Les dirigeants ont besoin de dispositifs non hiérarchiques d'aide à la délégation.* Des règles, des systèmes d'information vont aider ceux qui reçoivent délégation à agir et ceux qui délèguent à savoir. Les relations verticales et transversales sont concernées. Le contrôle de gestion est un appui à la délégation, par ses processus de cadrage des objectifs et des moyens confiés, par la remontée d'informations *(reporting)*, par le rôle qu'y joue la notion de responsabilité.

Construction de dispositifs croisés de cohérence externe et de cohérence interne : les deux missions du contrôle de gestion sont ainsi fixées. Elles se fondent sur l'information. Elles appellent l'appui d'un spécialiste, le contrôleur de gestion. Il ne s'agit pas de transférer à ce technicien d'état-major, de *staff,* ce « fonctionnel » de technostructure (Mintzberg, 1979), certaines des tâches du dirigeant. Il s'agit de confier à cet expert la charge de construire une instrumentation utile, une information calquée sur le modèle de fonctionnement spécifique de l'entreprise, son modèle économique, dit aussi *business model*. La modélisation est une valeur ajoutée importante du contrôle de gestion. Modéliser, c'est choisir de privilégier certains aspects du réel que l'on décrit de manière formalisée pour faire apparaître des relations d'interdépendance, permettant, à l'idéal, de *prévoir* l'évolution des variables retenues et/ou de leurs relations. Mais les instruments doivent avoir du sens pour ceux qui s'en serviront : en expliquant le modèle économique de l'entreprise, de l'institution, les voies qu'ils comptent lui faire emprunter vers le succès, les dirigeants se doivent d'aider les contrôleurs de gestion à promouvoir des logiques économiques ; elles guideront l'action collective ainsi organisée.

Contrôler ? Il ne s'agit pas d'ôter l'autonomie des acteurs. Mais, au contraire, de confier la décision à qui est le mieux placé pour la prendre, et ce n'est pas nécessairement le sommet hiérarchique qui connaît le mieux toutes les situations. Étouffer les idées novatrices n'est pas bon pour durer et progresser, mais laisser toutes les initiatives s'épanouir n'est pas non plus un gage de cohésion ni de cohérence. Les analogies au pilotage d'une machine par rétroaction (le *steermanship* de la cybernétique) sont fallacieuses. Plutôt que de mettre sous contrôle, l'idée est de garder un certain contrôle des choses, *d'organiser des systèmes de pouvoirs et de contre-pouvoirs qui freineront les dérives sans arrêter les progrès*. Vaste programme que celui de l'organisation de l'autonomie.

II. – Une terminologie ambiguë

L'appellation « contrôle de gestion » semble relativement récente, des années 1960 sans doute. Celle de *management control* l'a précédée dans les années 1940 ou 1950 aux États-Unis. Encore faut-il clarifier le contenu de l'une et de l'autre. « Gérer » n'a pris qu'assez tard le sens de « diriger » aussi attribué au *management,* et cela révèle des mentalités encore sous-jacentes. S'intéresse-t-on au management ou à la gestion ? Faut-il les confondre ? Qu'entend-on par « contrôler » ? Questions fondamentales, d'autant plus souvent posées que, ces dernières années, les contrôleurs de gestion ont souhaité apparaître comme des agents d'amélioration des performances de l'entreprise. Aux États-Unis, le poste de responsable comptable – *controller* réécrit *comptroller* par erreur d'étymologie – a précédé la notion de *management control* et l'a connotée. Le contrôleur de gestion se nomme parfois *management accountant,* comptable de gestion. À la fin des années 1930, Maurice Mareuse, en France, publie un ouvrage intitulé *Le Contrôle de la gestion des entreprises* qui porte en fait sur la comptabilité, les budgets et les équilibres financiers (et entend la gestion au sens classique) : faire de la comptabilité, ce très ancien système d'information, un outil de management a été une étape naturelle du développement du contrôle de gestion, son origine même, mais cette vision du contrôle est étroite et aujourd'hui jugée partielle. D'où la nécessité de retracer les évolutions. Le premier chapitre montrera que le contrôle de gestion, processus clé de la cohérence entre stratégie, projets et actions quotidiennes, est sujet à différentes variantes dites « de contingence ». Elles s'articulent cependant autour d'un schéma de référence apparu dans les années 1920 pour, comme l'écrit l'historien Chandler (1962), « coordonner, juger et planifier » les entités des grandes entreprises alors naissantes.

III. – Une généalogie révélatrice

Le chapitre II rappellera les conditions d'émergence du contrôle de gestion. Il montrera que l'on peut tracer une généalogie qui s'appuie sur les progrès de la comptabilité, leur adjoint ceux de la statistique pour construire des outils de gestion prévisionnelle dont la clé passe par le contrôle budgétaire. L'ambition s'élargit alors, du budget au processus de management dans son ensemble : anticiper et coordonner sont les clés du contrôle. En France, les difficultés des entreprises ont souvent catalysé l'adoption du contrôle de gestion, dès lors assimilé à un outil de surveillance des coûts. Or, le contrôle de gestion n'a pas été conçu juste pour gérer plus serré mais pour croître et réussir. Il est le produit et le facilitateur d'un mouvement de fond déjà ancien qui fait date dans l'histoire du développement économique : la montée des organisations, qui porte la nécessité de diriger à distance, tandis que l'emprise croissante des raisonnements économiques exige une modélisation et des systèmes d'information complexes, une anticipation face à la concurrence. Le contrôle de gestion est inséparable de l'apparition des grandes organisations, de leur structuration et de leur devenir ; il joue encore un rôle clé dans la façon dont bien des personnes travaillent et font carrière dans l'économie moderne. Il a été une pièce critique de la réponse apportée par les grandes entreprises nord-américaines du début du siècle dernier au triple défi du risque, de la taille, de la complexité. Pour autant, il peut être adapté au gouvernement de bien d'autres organisations.

IV. – Les pratiques durables et les autres

Le management est une activité qui peine à capitaliser ses connaissances. Il est vrai qu'on le tient parfois pour un art. Si les modes se chassent les unes les autres, elles conduisent souvent à redécouvrir d'anciennes pratiques, pas toujours rénovées. Ainsi, le contrôle de gestion, né sous sa forme moderne dans les années 1920, pourrait passer pour une vieille technique du temps du taylorisme, qu'il est urgent d'oublier. Pourtant, non seulement il dure, mais certains ne découvrent qu'aujourd'hui ce que savaient faire les managers de cette époque. La notion de valeur actionnariale, par exemple, vécue comme une révolution par beaucoup, était au centre des outils de management des pionniers. Comme l'apprentissage organisationnel d'ailleurs ou la subsidiarité. Le contrôle de gestion dure parce que, paradoxalement, malgré son nom, il a su contribuer à infuser une logique de projet propre à équilibrer régulation, amélioration continue et créativité, dans un contrôle très relatif. Certains dirigeants ont aussi impulsé la dynamique inverse. La pratique mérite un bilan ; avec le temps, les limites du modèle classique sont apparues, mais il n'est pas sûr qu'un modèle alternatif soit jamais proposé.

Chapitre I

ENQUÊTE SUR UN DOUBLE CODAGE

La généalogie de l'appellation *management control* et de sa traduction en « contrôle de gestion » est très surprenante et profondément instructive pour qui s'intéresse au management. Il faut l'aborder, car elle sous-tend des conceptions diverses du rôle du contrôleur et du contrôle. L'expression venant de l'américain, on est incité à une mise en garde : quoique en anglais on ne puisse traduire « gestion » que par « management », *management* n'est pas gestion, *control* n'est pas contrôle – en tout cas pour un francophone. À tort peut-être, le mot « gestion » a pris un sens imprécis, souvent abusivement étroit, qui appelle des précisions. Ce chapitre fera découvrir en fait que l'expression est peut-être française d'origine et victime d'une chaîne de traductions approximatives, renforcées par des cultures nationales et techniques assez différentes. Il permettra d'être précis sur ce que comprend le contrôle de gestion, de mieux en comprendre les variantes et les facteurs de contingence qui les expliquent.

I. – Les supposées cultures nationales

Le français cède le pas à l'anglais dans le vocabulaire du management. On ne peut pas s'en étonner. Concepts et méthodes y sont souvent d'origine nord-américaine ; ils sont imprégnés d'une certaine culture et les traductions ont rarement été heureuses. Ainsi, on peut se dire que, si l'origine du « contrôle de gestion » est le *management control*, sa traduction est pour le moins discutable.

1. **Contrôle et *control*.** – Le « contrôle » dont on parle a un double sens : vérifier (ce que fait le contrôleur de gestion) et avoir le contrôle (ce que recherche le manager). Il faut donc être clair : le « contrôle de gestion » est-il ce que fait le contrôleur de gestion ou la finalité du processus qu'il alimente ? D'un côté, la pratique observable est bien celle de la *vérification*. Au sens de l'AFNOR, le contrôle est la vérification de la conformité à des données préétablies suivie d'un jugement – c'est là plutôt définir l'audit que le contrôle de gestion. On y vérifie, certes, que les objectifs sont atteints et les budgets respectés, par exemple. Encore faut-il avoir fixé des objectifs pertinents, des budgets réalistes : vérifier, c'est un peu court. D'un autre côté, la finalité est de permettre aux managers de garder la maîtrise. Il y a de bons contrôleurs de gestion, qui assurent les deux missions.

Il reste qu'en français le mot « contrôle » est associé à l'idée de « vérifier », au moins, semble-t-il, depuis que les comptables des rois capétiens choisirent de tenir les comptes en double, le second rouleau de parchemin, le « contre-rolle », servant de témoin au premier. Un contrôleur est donc censé surveiller, vérifier, mais c'est avant tout un teneur de livre, de registre. Le contrôle est un registre tenu en double (le mot désignera aussi la liste de ceux qui sont inscrits). Et c'est ici qu'intervient une première surprise : on cherche l'américanisme, on trouve l'influence durable de la langue française. Pour les entreprises anglo-saxonnes, en effet, le *controller* devint le responsable des comptes, leur organisateur et interprète plutôt que le teneur de livres. Les graphies « conte » et « compte » ne s'étant distinguées qu'au XIIIe siècle, on reste fondé à dire que le *controller* conte les comptes. Les entreprises anglo-saxonnes ont repris un titre donné à un agent public – on se souvient du contrôleur général des finances, le ministre des Finances des rois, de Colbert à Turgot et Calonne. Un titre orthographié parfois *comptroller* – graphie plutôt pédante fondée au XVe siècle sur une erreur d'étymologie (par association avec le « compte » en français) : il n'y a pas de « compte » dans cette histoire, mais le « contrôle » va se trouver lié à la comptabilité... Pourtant, si *control* vient de « contre-rolle », en anglais *to control* ne signifie pas « vérifier » *(to check)*. Par exemple, des dispositifs de vérification internes dits *internal check* permettent le contrôle interne *(internal control)*. *To control* ne signifie pas plus « surveillance » ou « suivi », sens voisin, qui se dit *monitoring*. Ce dont il est question, c'est d'un contrôle au second sens pris par ce mot en français, acclimaté au XXe siècle, peut-être par anglomanie avec le « contrôle des naissances » et le *self-control* : l'ambition annoncée est d'« avoir le contrôle », de *maîtriser*, pas simplement de vérifier. Taylor disait que son projet consistait à « enlever le contrôle de l'atelier des mains de la foule des ouvriers pour le placer dans celles du management ». C'est en ce sens qu'un précurseur comme Erwin Schell (*The Technique of Executive Control,* 1924) décrit les moyens, pour le management, d'avoir le contrôle en mobilisant les employés. Les pionniers Du Pont de Nemours et General Motors l'entendaient bien ainsi (voir chap. II). Un grand précurseur, Alexander Hamilton Church (1914), voyait, parmi les cinq « fonctions organiques du management dans une usine », le *control,* qui définit les missions de chacun, lance et coordonne les travaux, et que Church distinguait de la fonction de *comparison* qui rapproche les résultats obtenus des normes de la performance. D'autres vont trop loin, en assimilant le contrôle à la direction pure et simple (Kester, 1928). Il est vrai qu'en anglais le verbe *to control* signifie presque exclusivement « commander, diriger, dominer », voire « réguler, réglementer » ; il renvoie à l'idée de pouvoir. Mais aussi à celle de mise en cohérence, sens implicite dans l'acception informatique. Le terme de « pilotage », adopté récemment en gestion, tend à rendre cette idée, dans un sens plus faible (mais pilotage se dit *steering*). On ne se rapproche du sens français de « vérification » que dans l'acception scientifique (ce qui n'est pas neutre d'ailleurs) : le « groupe de contrôle » est la population non traitée qui servira de référence pour tester l'efficacité d'un produit. Très majoritairement, l'idée n'est donc pas de vérifier, pas tout à fait ou pas forcément de commander, *elle est de faire faire les choses selon une logique ou une façon que l'on entend choisir, plus ou moins détailler, et faire respecter*. C'est le vrai sens du « contrôle interne » : la maîtrise des activités, à ne pas confondre avec l'audit, qui, lui, est un processus de vérification. Le *control* s'exerce plutôt avant l'acte ; le contrôle, comme l'audit, après.

On voit que la notion de contrôle fait référence à des dispositifs divers, d'influence plus que de commandement direct par une hiérarchie. Bien sûr, la vérification peut faire partie de l'ensemble. En ce sens, le contrôle est un résultat, la conséquence d'une situation de pouvoir, découlant de l'organisation ou d'une autre source. Précisément, le *control* installe le pouvoir qui légitime le contrôle. Le contrôle et le *control* renvoient à une idée commune : celle de *norme*. Norme de moyens, norme de comportement, norme de résultat. Le contrôle au sens anglo-saxon consiste à les imposer ; elles sont bien une forme particulière du pouvoir par la rationalité qu'elles instituent. La norme de résultat est au cœur du contrôle de gestion. Elle est souvent quantifiée, elle chiffre un critère, elle impose donc une façon de voir. Le contrôle à la française est plus modeste, il teste une conformité. Il n'y a pas loin de la conformité au conformisme. Mais, d'un conformisme à l'autre, d'une norme à l'autre, il y a « le changement ». Ce n'est donc qu'un relatif paradoxe de voir le contrôle de gestion mis au service du progrès continu, et les Français tendre à l'utiliser pour impulser une nouvelle conformité, de nouvelles règles. Introduisant des normes de résultat, donc des critères de performance, on espère induire des normes de comportement. Les légitimer par le biais d'adhésion à des critères de mesure, agir ainsi sur les rationalités, la clé du changement véritable. La norme appelle le critère, donc la mesure, en tout cas elle force à décrire ce qui, parfois, reste dans l'ombre, non dit ou sous-entendu. La norme n'est pas seulement le *standard* industriel, dispositif majeur du premier contrôle de gestion ; elle concerne les objets mais aussi les personnes. Quand, en 1929, H. Dubreuil publie *Standards,* un grand succès, ce n'est pas seulement le travail chez Ford qu'il décrit, mais les mentalités en Amérique.

L'idée de contrôle est forte, elle touche au pouvoir, aux fondements des organisations, parfois par le biais de l'informel, que connotent le mot et son lien avec la normalisation. Cela explique que des auteurs soient allés un peu loin, en ramenant tout au contrôle, dès lors insaisissable. « L'objet de l'organisation est le contrôle, ou nous pourrions même dire que l'organisation, c'est le contrôle », a écrit Mary P. Follett (1932). Elle estimera ensuite que le contrôle, c'est la coordination ou encore le pouvoir orienté vers une finalité. Le génie anglo-saxon, qui laisse sa place au flou, a répugné à énumérer les moyens de ce contrôle jusqu'à Taylor.

2. **Gestion ou management ?** – Contrôle n'est pas *control* ; gestion n'est pas management. On gère les choses, on « manage » les personnes, les organisations (de *maneggiare,* dit-on : diriger un cheval (quel programme !), venant de « manier », voire de « manœuvrer », semble-t-il). Un gestionnaire « administre les intérêts d'autres personnes », un manager « fait agir les autres », comme l'indiquent Harold Koontz et Cyril O'Donnell, auteurs d'un fameux manuel (1955) et auxquels cette définition : *« getting things done through people »* est souvent imputée. À tort ! La formule est trouvée chez le futur prix Nobel d'économie 1978, Herbert Simon (*Administrative Behavior,* 1947), influencé par un praticien grand auteur en management, Chester Barnard. Certains l'attribuent à Mary Follett, mais on la lit très tôt chez les auteurs américains (par exemple, Schell, 1924 : *« An executive is one who is responsible for the work performed by others »*) et surtout, bien avant, chez Taylor : « L'art du management a été ainsi défini : "savoir exactement ce que l'on veut que le personnel fasse et veiller à ce qu'il le fasse de la meilleure manière et au moindre coût" » (*Shop Management,* 1902, p. 21 – ouvrage traduit sous le titre de *La Direction des ateliers* en 1907). L'expression est reprise régulièrement (Peter Drucker, en 1955 : *« A manager does his work by getting other people to do theirs »*). Elle est aussi employée par le

professeur Anthony (1952 ; 1956 ; 1965), fondateur du cours de contrôle de gestion à Harvard, qui sera ensuite un peu plus explicite (1988) : un manager « doit atteindre des objectifs par l'intermédiaire d'autres personnes ». On voit ainsi mieux s'esquisser la problématique qui va s'imposer au contrôle de gestion : le besoin d'une instrumentation d'anticipation (« atteindre des objectifs » et parfois les fixer) et de mobilisation, voire de délégation (« par l'intermédiaire d'autres personnes »).

Un manager n'est pas forcément un « directeur », selon la traduction des années 1960. Certains, comme l'historien Chandler (1962), font d'ailleurs la différence entre le manager, qui « coordonne, évalue et planifie dans le cadre des moyens qui lui sont alloués », et le dirigeant *(executive)* ou, comme Schumpeter, l'entrepreneur, qui « alloue les ressources » et engage ainsi, ou valide, une stratégie. Le manager est en tout cas un animateur – pas forcément un « cadre » au sens statutaire français (mais peut-être, en revanche, au sens militaire du terme). Un « responsable », dit-on parfois, ce qui sous-entend qu'il doit rendre des comptes sur ses résultats et sur le travail des autres, alors qu'un chef doit avant tout commander. Il est vrai que cette traduction remplace une ambiguïté par une autre : qu'est-ce que la responsabilité ? On y reviendra.

Le *management control,* c'est donc l'ensemble des dispositifs et procédures qui permettent aux managers d'avoir sinon le contrôle, du moins une certaine maîtrise de leurs propres missions et des actions de leurs équipes, formées de managers et de non-managers. Les Français s'y sont trompés ? Ce n'est pourtant pas si simple.

II. – Construction d'une ambiguïté

Le management est un processus que le génie français aimera clarifier – mais sous un autre nom ! Et cela ne va pas simplifier les choses. Le premier, semble-t-il, Henri Fayol (1841-1925), décrit en 1916 le processus (lui, parle de « fonction ») d'« administration » des entreprises, que, faute de définir, il ramène à cinq « opérations » : prévoyance (et non prévision), organisation, commandement, coordination et *contrôle*. Ce dernier correspond, bien entendu, à la vision française : « Vérifier si tout se passe conformément au programme adopté, aux ordres donnés et aux principes admis. [...] Toutes ces opérations sont du ressort de la surveillance tant qu'elles peuvent être exécutées par le chef de l'entreprise et ses collaborateurs hiérarchisés. [...] Mais lorsque certaines opérations de contrôle deviennent trop nombreuses ou trop complexes, ou trop étendues, [...] il faut avoir recours à des agents spéciaux qui prennent le nom de *contrôleur* ou d'*inspecteur*. » L'administration est elle-même une des six fonctions interdépendantes de toute entreprise : fonctions technique, commerciale, financière, de sécurité, de comptabilité et d'administration ; c'est un métier en soi. Le « gouvernement » d'entreprise doit « assurer la marche » de ces six fonctions. Fayol le définit de manière plus restrictive qu'on ne le ferait aujourd'hui : le gouvernement consiste à « conduire l'entreprise vers son but en cherchant à tirer le meilleur parti possible de toutes les ressources dont elle dispose » à travers les six fonctions en question. Gouvernement, administration, commandement : le mot « gérer » est délaissé par Fayol, il n'emploie pas plus celui de « gestion » (ironie, certains le présentent comme le père des sciences de gestion) ; « diriger » est peu employé sauf dans ses derniers textes, où il remplace « commander » ou « gouverner ». Il semble que Fayol, à la fin de sa vie, avait évolué, assimilant l'administration et le gouvernement (Breeze et Miner, 1980).

1. **Fayol, « père » du management ?** – « Tandis que les autres fonctions mettent en jeu la matière et les machines, la fonction administrative n'agit que sur le personnel. » On retrouve l'idée centrale du management. Il est d'ailleurs rarement noté, et c'est pourtant remarquable que Fayol, tant décrié par Simon qui lui oppose la figure de Barnard, estime que la capacité « administrative » doit être présente, certes à des degrés divers, chez chacun, de l'ouvrier (elle fait 5 % de sa valeur – c'est peu mais ce n'est pas Taylor) au dirigeant (40 % ou 50 %) : si elle mérite une existence distincte, elle s'appuie sur des processus partout utiles, au moins en partie.

L'administration est-elle le management ? La lecture de Fayol réserve une surprise. Notre auteur explique : « Commander : c'est-à-dire faire fonctionner le personnel. » L'approche est plus directive que celle suggérée par la notion de management *(getting things done...)* ; pourtant, l'idée est bien identique, quasiment mot pour mot. D'ailleurs, on sait maintenant que Fayol, lisant *La Direction des ateliers (Shop Management)* de Taylor en 1913, réagit à la définition (déjà citée) que celui-ci donne du management (« savoir exactement ce que l'on veut que le personnel fasse et veiller à ce qu'il le fasse de la meilleure manière et au moindre coût ») : « Taylor prend la partie pour le tout, cette définition est celle de l'art de *commander* et non celle de l'art de la direction, du gouvernement [car, pour ne rien simplifier, dans l'édition française consultée par Fayol, *management* est traduit par “direction”]. J’ai dit : l’art de commander, c’est l’art de choisir, d’organiser et de diriger le personnel de manière à en tirer le meilleur parti possible. L’art de gouverner, c’est l’art de tirer le meilleur parti possible de toutes les ressources dont l’entreprise dispose. L’art de commander fait partie de l’art de gouverner » (Peaucelle, 2003, p. 38). Si le « commandement » est le management, le reste de l’administration de Fayol ne serait-elle pas les composantes du *control* anglo-saxon (fig. 1) ?

L’administration

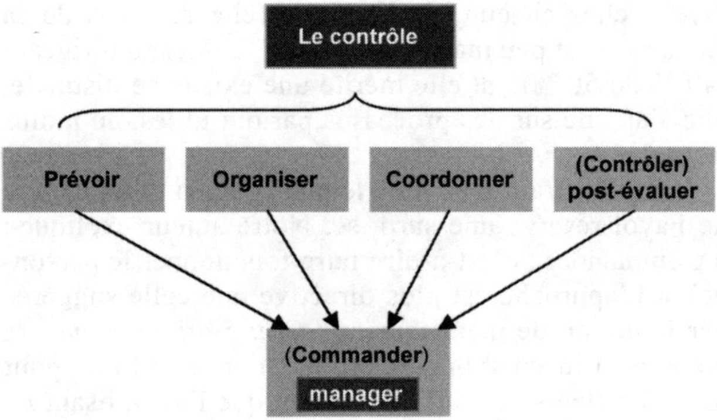

Fig. 1

Le texte de Fayol va dans ce sens ; il explique qu’il a songé à sortir le commandement de la fonction administrative, qui serait alors celle d’appui au commandement. Rien d’étonnant avec la définition qu’il retient, celle du management des Anglo-Saxons, qui couvre en trois mots une complexité suffisante pour que les autres activités (prévoir, organiser...) semblent se situer sur un autre plan : celui du *control,* justement. On peut dire que Fayol fait du « contrôle » une des quatre composantes d'un *« control »* pas nommé. En maintenant le commandement-management comme une des cinq activités, ou opérations, administratives, Fayol le distingue à la fois de l'administration et du gouvernement de l'entreprise, il le réduit. La traduction de son ouvrage ne va pas le servir.

2. **Les avatars de la traduction.** – C'est après un détour par les *business schools* que la pensée de Fayol s'est imposée. Le mot fayolien *administration* n'était pas étranger aux Anglo-Saxons (d'ailleurs bien des *business schools* sont des *schools of business administration*). Rappelons l'ouvrage majeur de H. Simon : *Administrative Behavior* (1947). La première traduction de Fayol, confidentielle, s'intitule *Industrial and General Administration* (Genève, 1930) ; le management y est entendu comme « le gouvernement ». En 1937, l'œuvre de Fayol est présentée et discutée dans Gulick et Urwick (eds), *Papers in the Science of Administration.* Gulick y transpose le processus de Fayol en POSDCORB : *planning, organizing, staffing, directing, co-ordination, reporting, budgeting,* évacuant le mot de *control* et soulignant le besoin de « mesures ». Urwick commente Fayol, et il pointe la faiblesse de cette approche par énumération en remarquant que ses cinq opérations d'administration devraient être six et réduites à trois paires : prévoir, ce qui produit un plan ; organiser, ce qui produit une coordination ; commander *« and its effect is control ».* Le contrôle : aboutissement, maîtrise, ainsi retrouvé dans son sens plein en anglais, mais au prix d'une trahison de Fayol.

Puis paraît à Londres, en 1949, une nouvelle traduction : *General and Industrial Management.* Celle qui sert de référence aujourd'hui. Traduire « administration » par *management*, c'est aller plus loin que Fayol (qui le réduisait au commandement) mais aussi dans le sens de l'histoire. Mais le management, ici, n'est plus « le gouvernement » : il semble baisser d'un cran dans les concepts. Dans sa préface, Urwick admet que le titre est correct parce que Fayol décrit bien ce que les anglophones appellent généralement *management,* mais il regrette en même temps l'emploi de ce mot qu'il juge ambigu et galvaudé en anglais ! Ainsi, le « management » a été assimilé à l'« administration », au « gouvernement » – et, on l'a vu, il peut correspondre au « commandement ». Confusion ? Et s'il existait une autre piste ? Il est évident que le supérieur hiérarchique d'un manager ne peut qu'avoir lui-même le statut de manager. Il est donc raisonnable de faire du « commandement », de l'« administration » et du « gouvernement » trois formes plus ou moins riches de l'unique management, qui, selon les cas, se trouvera enserré par le processus de contrôle (management ou encadrement de premier niveau faisant appliquer les décisions), l'adaptera à une fonction (management d'un centre de responsabilité mettant en œuvre une stratégie) et enfin le construira pour diriger l'entreprise. Les trois niveaux d'Anthony (voir p. 27) seraient ainsi déjà dans Fayol. Sa vision est forte si elle s'applique à des organisations (par divisions de produits) qu'il n'a, semble-t-il, pas connues. Au fond, elle anticipe les grands courants recensés par H. Mintzberg (1973) qui privilégient tel ou tel aspect du management, en étudiant le manager comme entrepreneur, décideur, organisateur ou leader. Mintzberg voit lui-même dix rôles au manager, classés en trois types et reliés : rôles interpersonnels, liés à l'information et décisionnels.

Si les ambiguïtés du « management » sont gênantes, celles qui résultent du sort fait au « contrôle » l'ont été plus encore. Dans la traduction de 1949, le « contrôle » de Fayol est rendu par *control,* ce qui ne correspond pas au sens du mot en anglais. Il sera plus rarement traduit par *controlling.* Le *controlling* est une des conditions du *control,* c'est l'activité de suivi du contrôleur, ce qui est fidèle à l'idée de Fayol, et la nuance avec le *control* ne devrait pas tromper un anglophone ! Certains ont indiqué qu'il eût fallu traduire le concept fayolien par *to measure, to compare, to examine, to check, to inspect* (Goodwin, 1960). Un moment, dans les années 1950, General Electric utilisa d'ailleurs *measure* au lieu de *control.* L'historien Chandler décrira dans les années 1960 les innovations managériales de General Motors en employant systématiquement l'énumération : « *co-ordination, assessement* [jugement, évaluation traduits par arbitrage] *and planning* » ou « *co-ordination, control, and planning* » (Chandler, 1964). Dès lors, en tout cas, le *control* et le *controlling* vont cohabiter et les choses s'obscurcir, avant de se réduire au contrôle-vérification, le contrôle devenant ce que fait le contrôleur. Hasard ? Influence réelle du grand auteur français ? Le processus en cinq phases d'administration décrit par Fayol sera expressément repris par la plupart des auteurs américains sous le vocable de « management » à partir des années 1950. Du coup, le « contrôle » français et fayolien devient anglo-saxon, sauf chez quelques auteurs, d'ailleurs majeurs, qui résistent. Ainsi, Ralph Currier Davis (1951), fondateur de l'*Academy of Management* américaine, lecteur attentif de Fayol, propose sa propre vue du *control* des opérations courantes : *routine planning* (par opposition à la planification stratégique dite *creative planning*), *scheduling, preparation, dispatching, direction, supervision, comparison, corrective action.* Mais les ouvrages de *managerial control* tendront à être des traités de management des marges, selon l'exemple précurseur qu'avait constitué celui de Glover et Maze (1937). Apparaît au même moment (1948) la cybernétique, « science du contrôle et de la communication » selon Wiener, et qui traite du contrôle des systèmes de manière ambiguë, car, si, d'un côté, elle assimile nettement *control* à maîtrise et commandement, de l'autre elle représente un modèle mécanique vite décrié mais qui repose sur l'idée, qui séduit, selon laquelle le *controlling* par *feedback* (mesurer l'état atteint, comparer à l'objectif, prendre une décision corrective) suffit pour maîtriser. Le concept de « boîte noire » qu'elle emploie invite à l'idée de délégation du management. Il n'est sans doute pas exagéré de dire qu'au début des années 1950 le contrôle au sens français, le *controlling,* porté aussi par la croyance dans le management scientifique, s'est largement installé chez les anglophones, sans éclipser leur *control* au sens de « maîtrise ». Les deux sens se sont plus ou moins confondus sous l'influence du contrôle budgétaire qui se répand vite et de la cybernétique qui séduit certains théoriciens, futurs « systémistes » des années 1970. C'est à ce moment (Rathe, 1960) que semble s'être installé le *management control* comme discipline, au sens du cycle de planification et de contrôle – deux des opérations d'administration de Fayol, pas neutres car placées en amont et en aval du processus d'administration, qu'elles enserrent. « Une pratique récente semble abandonner ce terme au profit de celui de *management service.* [...] Quelle belle carte de visite notre siècle laisserait à la postérité si, dans quarante ans, nous étions capables de conclure que le changement du mot de "contrôle" en "service" était plus que de la sémantique », ajoute Rathe. Qu'est-ce qui permet de contrôler le parcours de l'avion ? Les commandes, le tableau de bord ou… la tour dite de contrôle ? La cohérence des trois, bien sûr. Pourtant, le sens français, qui porterait à une réponse étriquée (la tour), a pris le dessus chez certains. Deux exemples sont significatifs. Joan Woodward, grande figure de la théorie des organisations : « La confusion provient largement du fait que "contrôler" signifie aussi "diriger". Défini précisément, "contrôler" désigne seulement la tâche qui consiste à s'assurer que les activités produisent les résultats désirés. Le contrôle dans ce sens est limité au suivi *(monitoring)* des résultats des activités, à l'analyse de l'information permettant de juger la qualité de ces résultats, et, si nécessaire, à une action corrective » (Woodward, 1970). On objectera que le fait d'inclure la décision corrective dans la boucle de contrôle crée un processus de management nécessairement plus complet qu'un *controlling*. L'autre exemple est extrait d'un article procédant à une revue de littérature faussement présentée comme exhaustive en 1972 : « Le mot "contrôle" sera pris seulement au sens traditionnel d'une activité cyclique et récurrente de planification-action-comparaison-correction appuyée sur un système de communication ou d'information continu et concomitant » (Giglioni et Bedeian, 1974). Mais se trouvent ainsi éliminés de grands auteurs pionniers qui ont envisagé le contrôle au sens anglo-saxon d'origine, comme Mary Parker Follett, aujourd'hui redécouverte… car leur créativité, face à un certain enlisement du *controlling,* est bien utile aujourd'hui.

Il est, au fond, curieux de constater que la transposition inadéquate de la théorie des systèmes mécaniques l'a emporté sur la culture anglo-saxonne, et l'approche scientifique sur une vision humaniste des organisations. Bien entendu, tous les auteurs ne suivent pas ce mouvement. Ainsi, Anthony regrettera le terme de « contrôleur », car « il implique, par exemple, que le *contrôleur* devrait exercer le contrôle, ce qui est faux ; il lui revient de construire et de faire fonctionner un système par l'intermédiaire duquel le *management* exerce le contrôle » (1965, p. 28). Le contrôleur contrôle pour que le manager puisse avoir le contrôle. Mais il semble clair que, dans l'ensemble à cette époque, le *controlling* s'impose face au contrôle, problème supposé résolu. Place aux mécaniciens, sinon aux informaticiens. Le débat, chez les anglophones, se restreint alors à une seule question : peut-on séparer le *controlling* du *planning* ? Pour contrôler la conformité, il faut une norme, une référence : ce doit être ce qui était attendu. La fin des années 1950 et le début des années 1960 voient un consensus sur la question, de Koontz à Anthony : la planification est la première phase du contrôle. Il est, dès lors, légitime de voir paraître des ouvrages qui, sous le titre de *management control,* traitent de *controlling,* donc des outils de suivi, des promesses de l'informatique et des mathématiques appliquées à la décision économique (la recherche opérationnelle), et muets sur des questions de management qui, aujourd'hui, font partie de l'univers du contrôle de gestion (par exemple, Malcom et Rowe, 1960).

III. – Les clés du labyrinthe

Deux niveaux de codage ont joué. D'un côté, la méprise sur le *controller,* garant des comptes : les

Anglo-Saxons ancrent le contrôle dans les tâches du comptable, lui adjoignent des statisticiens et tendent à créer un concept, qui deviendra le contrôle de gestion, à partir de ce que fait un comptable progressivement chargé de prévision et d'éclairer les managers. Le *controller* a précédé le contrôle de gestion, alors que les Français, voulant l'implanter, créaient la fonction… en la séparant souvent de la comptabilité. Comme si cette fonction venait à point, dans la tradition française, pour justifier le pilotage extracomptable par tableaux de bord de certains ingénieurs. On manque, en France, de considération pour la comptabilité. Ainsi, les « comptables de gestion » *(cost accountants)* s'organisent en 1919 aux États-Unis (National Association of Cost Accountants) et en Grande-Bretagne. Rien de tel en France. Le *controller anglo-saxon,* de garant des comptes, veut devenir, dans l'ambiance favorable des années 1930, gardien de la bonne gestion, du contrôle interne, superviseur de l'information financière, voire responsable de l'audit interne (McDonald, 1940). Certains textes, définissant les fonctions de *controller,* les assimilent clairement à la responsabilité du contrôle interne (Elliott, 1940). « Vous, *controllers,* êtes la première ligne de défense des actionnaires contre un management irresponsable », écrivait en 1939 un membre de la Securities and Exchange Commission (SEC) dans un texte intitulé *Avant la visite de l'auditeur…* L'histoire n'est pas finie.

D'un autre côté surgit cette méprise franco-anglo-américaine, du latin au saxon, qui laisse volontairement subsister l'idée que le fait de contrôler permet d'avoir le contrôle, et qui va d'ailleurs à l'encontre de la première ambiguïté, puisqu'il paraît difficile que l'on puisse avoir le contrôle par la seule information comptable. Méprise qui laisse aussi la porte ouverte au contenu du contrôle de gestion : est-il raisonnable de supposer que cet outil de décentralisation n'aurait rien de commun avec la coordination et l'organisation ?

Quelques décennies après Fayol, des Américains eux-mêmes estimaient que le mot *control* avait perdu son sens et éprouvaient même des difficultés à le distinguer du *management* ! En 1960, Alex W. Rathe, un professeur de Columbia, recensait « au hasard » 57 sens possibles, dont *management,* et ne leur voyait au fond qu'un trait commun, une connotation négative de domination/punition. Il est vrai qu'au sens large le mot conduit à une impasse, car il désigne tous les aspects organisationnels qui permettent de diriger. La fonction « administrer » de Fayol, de son côté, c'est à la fois diriger, manager et « garder le contrôle ». Anthony a reconnu qu'il n'y a pas de distinction simple entre le management et le contrôle au sens plein. Un manager fait-il autre chose que de tenter d'anticiper et d'optimiser le travail des autres ? En d'autres termes, le contrôle de gestion *management control* n'est-il pas le management, tout simplement ? La voie vers la finalité du management : avoir le contrôle ? Certains le pensent. Le lien est étroit : le contrôle est un résultat, le processus de management est le moyen d'y aboutir. Un critique de l'ouvrage d'Anthony posait la question dès 1966 : « L'inclusion de ces chapitres [consacrés à la comptabilité financière et au traitement de l'information] rend perplexe. Il est évident qu'ils ont été inclus pour montrer que toutes les activités d'une organisation doivent être couvertes. [...] Dans un schéma de la page 19 [repris ici en figure 2 p. 27], toutes les activités d'une firme, à l'exception des deux précédentes, sont présentées et mises en relation avec les trois

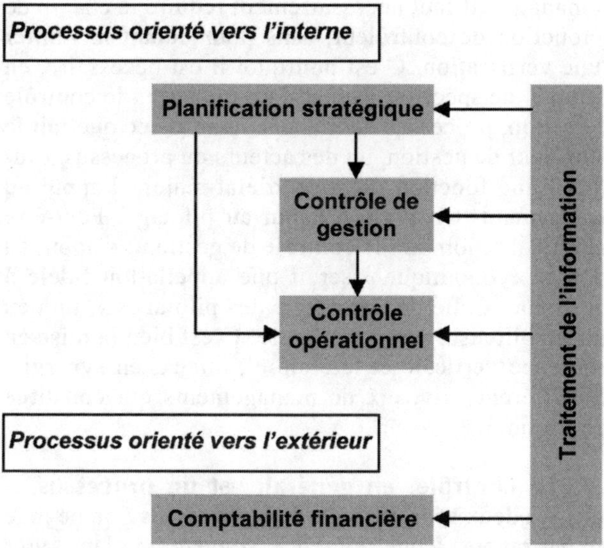

Source : Anthony, 1965, p. 22.

Fig. 2

niveaux de contrôle. […] Il est évident que le propos est de montrer que toutes les activités d'une organisation, sauf le traitement de l'information et la comptabilité financière, sont des activités de planification et de contrôle. […] Les trois classifications d'Anthony apparaissent meilleures que les autres pour discuter des organisations du point de vue de la planification et du contrôle. Mais la perspective de la planification et du contrôle est-elle la meilleure pour discuter des organisations ? » (Lynn, 1966). Le contrôle au sens plein ne peut donc pas correspondre à une fonction, sinon à celle du manager. Il faut nécessairement réduire le champ de la fonction de contrôleur, sans pour autant la limiter à une vérification. C'est pourquoi il est nécessaire, en pratique, de spécifier l'objet dont on parle : le contrôle de gestion, processus de management, ou ce que fait le contrôleur de gestion, un des acteurs du processus, titulaire d'une fonction de *staff,* d'état-major, d'appui au management. On parle d'appui au pilotage. Peut-être faudrait-il renommer le contrôle de gestion : « appui au pilotage économique » serait une appellation fidèle à la mission. Celle de « synergie des pilotages », un peu plus ambitieuse, serait meilleure. C'est bien la mise en cohérence verticale et latérale et, mieux, en synergie, des différents niveaux de managements qui constitue l'enjeu final.

1. **Le contrôle, en général, est un processus.** – Dans ses deux sens, il s'agit d'un processus : on ne juge que par rapport à une référence, souvent un plan. Avoir le contrôle est un résultat sans cesse remis en cause.

On peut scinder en trois temps le processus de contrôle. La première phase intervient avant l'action. Elle consiste à en définir les finalités et à les traduire en objectifs quantifiés sur un horizon déterminé (le plus souvent un à trois ans en contrôle de gestion) associés à la détermination des moyens jugés nécessaires pour réussir. Cela va de pair avec la définition des rôles des différents intervenants et à celle des critères et normes qui serviront à évaluer la qualité des résultats atteints (performance). C'est une phase de *finalisation* au sens propre du terme puisqu'il s'agit de définir les finalités assignées à un ensemble d'actions. Dans le modèle classique du contrôle de gestion, ces finalités sont avant tout économiques et cette phase correspond à une planification budgétaire : sur un cycle d'un à trois ans sont définis les objectifs des responsables, les plans d'action pour les atteindre, les budgets financiers, les critères d'évaluation des performances.

La deuxième phase est du *pilotage* de l'action : il faut organiser un suivi du déroulement, anticiper, entreprendre les actions correctives que des déviations éventuelles rendent nécessaires pour arriver au but fixé, voire changer de but. Cela exige d'être capable de faire le point sur l'existant (interne et externe), d'en inférer l'avenir proche pour évaluer les chances de respecter les buts retenus, d'identifier les actions correctives appropriées, de spécifier les rôles des intervenants dans leur mise en œuvre. La démarche classique est dans le suivi budgétaire complété de tableaux de bord.

La troisième phase intervient une fois terminée l'action planifiée, ou à l'occasion d'une étape, parfois artificielle (la fin du trimestre, par exemple). Il s'agit de mesurer les résultats et de juger la qualité du travail de leurs responsables. On parle de *mesure de performance* en contrôle de gestion ; on retiendra ici le terme de *postévaluation* pour éviter les confusions liées en français au terme de « performance ». Dans le contrôle de gestion classique, les résultats obtenus sont évalués dans trois domaines (qui peuvent correspondre à trois responsabilités différentes) : l'économie, l'efficience et l'efficacité. *L'économie* est le fait de se procurer au juste coût les ressources nécessaires. *L'efficacité* est la capacité à atteindre les objectifs fixés. L'efficacité d'un produit, d'une activité, d'un responsable ou d'une entité est sa capacité à contribuer aux objectifs de l'organisation dans son ensemble. Si la finalisation est supposée elle-même efficace, elle doit avoir garanti que les objectifs locaux sont convergents avec les objectifs globaux, de sorte que l'atteinte des objectifs locaux est bien un gage d'efficacité. *L'efficience* est la capacité à ménager ses moyens. Cela consiste à vérifier que le résultat atteint a consommé les ressources prévues. On voit le rôle clé du système d'information de gestion dans ce processus.

Ce processus type est en pratique soumis à de nombreuses variantes et affronte parfois de grands obstacles. Les trois phases ne sont pas toujours distinctes et formalisées. La diversité des modèles économiques des entreprises les rend spécifiques. Surtout, leur mise en œuvre suppose que les acteurs et parties prenantes jugent légitime le « jeu » ainsi défini, donc que les valeurs qu'ils portent – le « contrôle invisible » ou informel qui les guide – ne soient pas en opposition avec les pratiques proposées. Le contrôle(ur) de gestion est aussi acteur politique. La finalisation suppose la capacité et la volonté de fixer des objectifs, d'identifier et d'allouer les moyens appropriés, ce qui renvoie à des questions techniques (sait-on prévoir ? Connaît-on bien la technologie à employer, les moyens nécessaires au but poursuivi ?) et sociologiques (la question des rôles des acteurs). Le pilotage soulève des difficultés classiques : comment identifier les bons indicateurs ? Comment anticiper le futur à partir du constat du passé et du présent ? Sait-on repérer l'action corrective appropriée ? Le jugement de la performance n'est pas plus simple : que mesure-t-on ? Qui juge ? Quelle place laisser à la subjectivité ? Quelles conséquences en tirer ? Pour le monde académique, les trois phases sont autant de points de rattachement du contrôle aux théories des organisations. La faiblesse de l'une d'elles compromet en partie les autres, du moins dans certains cas : si la défaillance du pilotage due aux défauts d'outils de gestion n'interdit pas forcément les deux autres phases, qu'elle rend néanmoins socialement peu crédibles, il n'y a pas de pilotage ni de postévaluation si on ne sait pas finaliser un système. Or, comment le faire si la postévaluation est impossible ? On voit que la mesure des performances et le jugement sur l'état atteint constituent le centre du processus de contrôle de gestion, et de contrôle en général. On retrouve ainsi une typologie des formes « dégradées » du contrôle que G. Hofstede avait proposée en 1981, en classant par ordre d'importance quatre aspects de la finalisation et de la postévaluation : *le caractère non ambigu des objectifs,* l'ambiguïté étant liée à des conflits d'objectifs, à la mauvaise connaissance des relations entre objectifs et moyens ou à l'imprévisibilité de l'environnement. Si ces difficultés ne peuvent être surmontées, on en est réduit à ce qu'il nomme un « contrôle politique ». Si les objectifs sont clairs, la question se pose de la *possibilité de mesurer les résultats* ou de trouver des succédanés à sa mesure directe ; faute de solution, on aura un « contrôle par jugement ». Vient alors la question de la *connaissance des effets prévisibles des actions correctives* ; si elle laisse à désirer mais que l'activité est répétitive, un apprentissage peut intervenir et l'on aura un « contrôle par essais et erreurs » ; sinon, le contrôle relèvera de l'« intuition ». En dernier lieu, intervient la *répétitivité de l'activité* ; si c'est le cas et que les questions précédentes ont reçu une réponse positive, on a affaire à un « contrôle routinier » ; sinon, on doit recourir à un « contrôle par expertise ».

Il reste que cette trilogie (finaliser, piloter, postévaluer) doit être prise comme une référence commode, non pas comme un ensemble de phases distinctes. Il revient à Anthony d'avoir marqué, au sein de ce processus du contrôle interne, trois sous-ensembles typiques.

2. **La typologie des contrôles par Anthony.** – Jusqu'aux années 1960, on entendait par *management control* l'ensemble des dispositifs dont les managers se servaient pour finaliser, piloter et postévaluer, donc pour avoir un certain contrôle. La liste comprenait aussi bien les budgets que les nouveaux outils mathématiques issus de la recherche opérationnelle et de la récente informatique, voire l'audit ou les systèmes de surveillance. Tout au plus mettait-on à part les *financial controls* dont on parlait dans les grandes entreprises, et spécialement le contrôle budgétaire, bien développé depuis les années 1930.

Le professeur Anthony, créant à Harvard le cours de contrôle de gestion dans les années 1960, a proposé un « cadre conceptuel » qui sert encore de référence, du moins si on l'adapte un peu. Revu par lui en 1988, il distingue trois sous-ensembles du processus de contrôle, distinction fondée sur une vision des organisations en trois niveaux, restée assez classique et sans doute empruntée à la pensée militaire (stratégie, tactique, opérations). Dans un tel schéma, le *management control,* contrôle de gestion, est présenté comme les dispositifs que les managers emploient pour contrôler d'autres managers, donc finaliser, piloter et postévaluer leur action. Ils sont principalement financiers. En amont, le travail des managers est finalisé, piloté et postévalué par le processus de planification stratégique. Le « contrôle opérationnel » regroupe les processus qui s'appliquent aux tâches effectuées par de simples exécutants.

Anthony, on l'a vu, rejette (après d'autres) l'idée d'articuler un cadre conceptuel autour d'une dichotomie entre planification et contrôle (ou d'un quelconque découpage des phases du processus de contrôle). Pour lui, chacune des deux notions est hétérogène mais inséparable de l'autre. C'est donc au sein du processus qui réunit *planning* (finalisation) et *control* (postévaluation dans ce sens) qu'il faut chercher une structure. Ce cadre met Fayol en porte-à-faux : le lien entre plan et contrôle trahit l'insuffisance d'une énumération pour cerner un concept, l'idée de convergence des buts montre que le contrôle repose sur la coordination. C'est la portée du mot de « contrôle » à la française qui est ainsi affaiblie. Or, dit Anthony, il y a une planification qui oriente et une autre qui organise et cadence la mise en œuvre. L'idée est de Ralph C. Davis, qui distingue *creative planning* et *routine planning* et qui considère que la planification de routine est une phase du processus de contrôle (Davis, 1940, p. 43). On ne saurait mieux rejeter la dichotomie entre planification et contrôle. Le cadre conceptuel d'Anthony attribue donc au contrôle de gestion la mission de faire converger les buts des acteurs d'une organisation, étant en cela lui-même déterminé par la stratégie (pas de boucle inverse, fig. 2), maladroitement dénommée planification stratégique : « La planification stratégique est le processus consistant à décider des objectifs de l'organisation, des changements de ces objectifs, des ressources utilisées pour atteindre ces objectifs et des politiques qui doivent gouverner l'acquisition, l'utilisation et la mise à l'écart de ces ressources. » Pourquoi, alors, nommer *planning* ce qui n'est pas planification ? La dernière version du cadre adoptera dans les années 1990 l'appellation claire de « formulation de la stratégie » par opposition à « planification à long terme » *(long range planning)*, « planification d'entreprise » *(corporate planning)*, « définition des programmes et des plans d'action » (*programming*, qu'Anthony assimile à *long range planning*). Il s'agit pour lui de mises en œuvre de choix stratégiques déjà formulés, donc de processus *relevant du cycle de contrôle de gestion* (1988, p. 81), qui n'a aucune raison d'être borné à un an, mais comprend le plan de cinq ans, classique de l'époque.

Anthony fait du contrôle de gestion le processus d'ajustement des missions *entre managers,* le contrôle opérationnel étant en charge du détail des tâches confiées à des exécutants. Avec le contrôle de gestion, il s'agit d'« influencer » les managers pour qu'ils agissent dans un sens qui conduira aux objectifs souhaités. D'abord, en assurant la cohérence de leurs actions, à travers celle de leurs « buts », ce qui est ambitieux et dépasse la mise en cohérence des objectifs momentanés. D'ailleurs, McGregor est cité : « La tâche essentielle du management est de définir l'organisation et les méthodes de fonctionnement de sorte que les personnes puissent mieux atteindre leurs propres objectifs tout en dirigeant leurs efforts vers les objectifs de l'organisation » (Anthony, 1988, p. 71).

Pour autant, « le succès ou l'échec du processus de contrôle de gestion dépend des caractéristiques personnelles du manager : son jugement, ses connaissances, sa capacité à influencer les autres » (1965, p. 80). « Le contrôle de gestion *[management control]* est le processus par lequel les managers obtiennent l'assurance que les ressources sont obtenues et utilisées de manière efficace et efficiente pour réaliser les objectifs de l'organisation » (1965, p. 17). Anthony souligne qu'il veut insister sur trois idées clés. D'abord, on s'adresse aux managers, définis comme « des personnes qui doivent faire faire les choses en travaillant avec d'autres personnes ». Ensuite, le contrôle de gestion est subordonné à la stratégie, il prend en charge sa « déclinaison » dans le cadre des politiques définies. Enfin, l'efficacité et l'efficience sont deux critères majeurs. Les premiers éléments du cadre conceptuel d'Anthony ont paru dans la première édition de *Management Accounting. Texts and Cases,* en 1956. Le contrôle était alors envisagé (chap. XIV, p. 268) comme « le processus consistant à assurer que l'organisation fait ce que le management veut qu'elle fasse ». Mais la notion de *management control* n'apparaissait pas alors, le contrôle était unique.

Les « tâches spécifiques », elles, relèvent de ce qu'Anthony nommera successivement *technical control* puis « contrôle opérationnel » et enfin « contrôle des tâches » – l'expression *task control* est de Taylor, qui la préférait à celle de *scientific management* selon Wren (1987, p. 111) et la définissait comme l'attribution de tâches organisées et la supervision des exécutants. « Le contrôle opérationnel est le processus qui garantit que des tâches spécifiques sont menées de manière efficace et efficiente » (1965, p. 18) ; il n'alimente le contrôle de gestion que « sur des événements exceptionnels » (1965), « dans les situations imprévues » (1988, p. 37). Il comprend, selon notre auteur, l'audit interne et il dépend, pour la formulation de ses règles, du contrôle de gestion comme celui-ci dépend de la planification stratégique dans une vision descendante. Le contrôle de gestion a donc la charge de façonner le contrôle opérationnel, selon une idée assez classique en cybernétique ; elle conduira à l'image des multiples niveaux de régulation qui servira de base à l'idée d'apprentissage organisationnel. Il semble qu'ici encore Anthony ait une dette envers R. C. Davis, qui distingue les procédures managériales (classées en trois catégories : administratives pour les dirigeants, de staff, opérationnelles pour les managers de terrain ; et en trois types : *planning, organizing, controlling*) et les procédures opérationnelles *(operatives)* primaires et secondaires (Davis, 1940, p. 125).

Dans le cadre d'Anthony, une démarche est implicite, peut-être inconsciente et d'ailleurs pas complètement exploitée, mais riche de possibilités : le contrôle est structuré à partir des *différences* entre le monde de la cybernétique et celui des organisations. En cybernétique, science de la commande des systèmes, un système, un processus, ne peut être « contrôlé » qu'à quatre conditions : *a)* il doit être doté d'un *objectif* ; *b)* il est possible de connaître l'*état atteint* par rapport à l'objectif ; *c)* on dispose d'un *modèle prédictif,* c'est-à-dire de la connaissance des effets qu'auront les décisions possibles si elles sont prises ; *d)* celui qui a la charge de contrôler le processus a accès aux solutions efficaces, qui peuvent consister :

- à ajuster les *inputs* du processus (on parle de contrôle de premier ordre) ;
- à modifier ses *objectifs* (contrôle d'ordre deux) ;
- à revoir le modèle prédictif en raison de l'expérience accumulée (apprentissage interne) ;
- ou à changer la nature du processus lui-même (apprentissage systémique).

S'ajoute une cinquième condition, spécifique du milieu organisationnel, dépourvue de sens en cybernétique : celui qui doit prendre la décision corrective doit *la prendre réellement*.

Le « contrôle opérationnel », ou contrôle d'exécution (tableau 1 voir page suivante), correspond à des situations plutôt proches de ce modèle ; le contrôle de gestion en est plus loin ; et le contrôle stratégique, notion

Tableau 1

<table>
<tr><th>Points clés du processus de contrôle</th><th>Contrôle stratégique</th><th>Contrôle de gestion</th><th>Contrôle d'exécution</th></tr>
<tr><td>Clarté des finalités</td><td rowspan="7">Incertitudes majeures à toutes les étapes du processus</td><td rowspan="7">Difficultés variables potentielles à toutes les étapes, selon la situation spécifique de l'entreprise</td><td rowspan="7">Ici, les difficultés sont plutôt l'exception que la règle</td></tr>
<tr><td>Action possible sur les finalités</td></tr>
<tr><td>Connaissance de l'état atteint et de sa pertinence</td></tr>
<tr><td>Existence d'un modèle prédictif</td></tr>
<tr><td>Action possible sur les inputs</td></tr>
<tr><td>Apprentissage interne (capacité à mettre à jour le modèle prédictif)</td></tr>
<tr><td>Apprentissage systémique (capacité à mettre à jour la configuration du système)</td></tr>
</table>

qui remplacera pour nous celle de *strategic planning* d'Anthony, encore plus loin. Mais chaque cas peut être spécifique : dans un même secteur, deux entreprises peuvent avoir des stratégies et des buts différents, plus ou moins clairs. On voit donc que le rôle relatif du contrôle de gestion dépendra de l'espace que laisse un modèle économique soit à une configuration mécanique proche de la cybernétique, soit à l'autonomie des managers.

On voit aussi pourquoi le cadre de Fayol est limitatif, et comment la typologie d'Anthony peut l'enrichir. Mintzberg (1973) a montré que les managers n'ont pas le sentiment d'occuper leurs journées à prévoir, organiser, commander, coordonner et contrôler, parce que ce processus est un cas limite, atteint en contrôle complet, si toutes les situations de management pouvaient s'analyser, se programmer et s'optimiser. Par nature, le management est plus ou moins distant de ce schéma. Fayol le savait, H. Simon lui a reproché de ne pas en avoir tiré les conséquences. Lui-même, les sociologues R. M. Cyert et J. March l'ont fait. C'est ce que la typologie d'Anthony, revue en ce sens, rappelle opportunément. Par nature, dans ce cadre général, le contrôle de gestion est une tentative d'influencer quand une ou plusieurs des conditions du modèle cybernétique ne sont pas respectées ou, plus généralement, quand elles ne sont que partiellement respectées : objectifs pas clairs ou de pertinence incertaine, difficulté à faire le point, manque de modèle prédictif complet, solutions partiellement accessibles ou écart significatif entre la décision et sa mise en œuvre, notamment parce que le processus à contrôler n'est pas passif. Au lieu d'un algorithme ou d'un thermostat, un manager, supposé détenir les compétences venant suppléer les limites en question, est chargé du « contrôle », forcément incomplet, et la hiérarchie, qui lui fait confiance, cherche cependant à le contrôler lui-même. Les ambiguïtés du contrôle de gestion tiennent à ce qui justifie son existence même : l'incertitude et la complexité. Le rôle du manager est d'appliquer mais, ce faisant, souvent d'*achever* la stratégie cadrée par les dirigeants, non de la prendre toujours pour une instruction à appliquer, comme le suggère Anthony. L'incertitude et l'asymétrie d'information ne rendent pas souhaitable l'élaboration d'une stratégie au-delà de certaines lignes générales, à charge pour les managers de découvrir les meilleures solutions du moment pour la mettre en œuvre. D'autre part, ils dirigent des équipes et non des machines : incertitude et complexité s'en trouvent renforcées, mais des ressources autrement riches que celles de simples machines sont ainsi réunies. Constater ce qui fait l'essence du management, c'est reconnaître la difficulté d'en évaluer la performance. Le rapprochement entre objectifs et réalisation n'est pas tout. Le manager est par nature chargé de décider en information incomplète. S'il y avait contrôle complet, il n'y aurait plus de management, puisque l'expertise du manager serait aisément remplaçable, et vite remplacée, par une machine ; le contrôle et le management sont complémentaires, pas substituables ni identiques : le manager cherche à assurer un « certain » contrôle là où le contrôle est une utopie (Landau et Stout, 1979). Cela revient à dire que nous ne disposons pas réellement de cadre conceptuel du contrôle de gestion. La situation est donc spécialement favorable à la prolifération d'idéologies managériales, dont certains estiment qu'elles n'ont pas cessé de se succéder depuis le XIXe siècle (Barley et Kunda, 1992).

La distinction entre le contrôle de gestion et le contrôle des tâches repose, pour Anthony, sur le statut du personnel concerné : managers pour le premier, exécutants pour le second, prestation d'un centre de responsabilité contre opération élémentaire. « Un moyen à peu près correct de distinguer entre le contrôle de gestion et le contrôle des tâches dans cette dimension est de noter que le contrôle de gestion contrôle des *personnes* alors que le contrôle des tâches contrôle des *choses*. Une autre distinction à peu près juste est que le contrôle des tâches porte sur des *actions* tandis que le contrôle de gestion porte sur des *résultats* » (1988, p. 46). Mais le point clé est justement dans la non-équivalence des deux critères : *quid* des équipes autonomes ? Pour lever les ambiguïtés, il faut amender le cadre d'Anthony. Le fondement de la typologie doit être la *problématique cognitive de la décision* plutôt que la *division hiérarchique*. La notion de tâche spécifique n'a pas de sens, elle ne définit pas de concept ni de frontière : on connaît les difficultés, dues à une raison analogue, rencontrées pour définir une « activité » dans les techniques de management ou de calcul de coûts récemment fondées sur cette notion *(activity-based costing, activity-based management)*. Ce qui compte, c'est la distance, déjà évoquée, à la cybernétique. Il y a deux façons (complémentaires) de mettre en œuvre une stratégie : en confier la déclinaison à un manager disposant d'autonomie et apte à gérer les imprévus (logique du contrôle de gestion), organiser les procédures qui contraignent les comportements des acteurs (logique du contrôle d'exécution).

Il est possible de présenter une vue synthétique en reprenant la typologie d'Anthony ainsi adaptée et en la croisant avec le processus en trois phases présenté auparavant (fig. 3 voir page suivante). Cette carte n'est autre qu'une des représentations possibles du *contrôle interne,* tel qu'il est désormais défini sur le plan international par le COSO : « Un processus mis en œuvre par le conseil d'administration, le management et le personnel, conçu pour apporter une assurance raisonnable quant au respect des objectifs dans les domaines suivants : efficacité et efficience des opérations, fiabilité de l'information financière, respect des lois et règlements. »

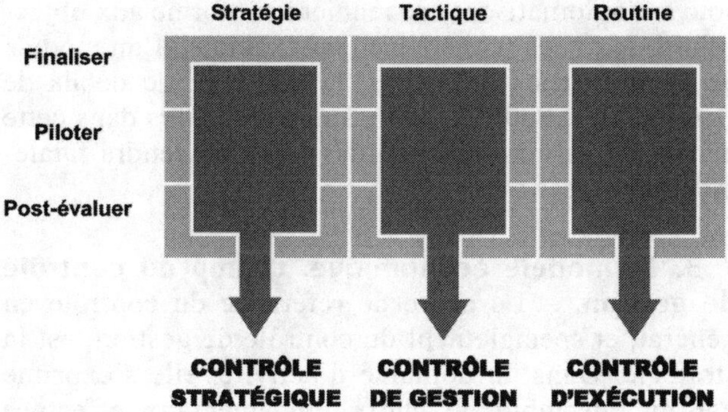

Fig. 3

On conviendra d'appeler contrôle de gestion les dispositifs et processus qui garantissent en priorité la cohérence entre la stratégie et les missions des managers, notamment les actions concrètes et quotidiennes. Les actions visées en priorité par le contrôle de gestion sont celles qui interviennent dans un enchaînement d'activités reliées à un objectif stratégique. Par exemple, la logistique de livraison des clients fait partie d'une telle chaîne dans une entreprise qui cherche à se différencier par ses délais de livraison, la déclaration mensuelle de TVA n'y appartient pas. Inversement, la livraison des clients peut n'être pas liée à une logique stratégique dans une entreprise qui vise la compétitivité par le seul abaissement des coûts de revient. Le contrôle de gestion garantit d'abord la cohérence stratégique des activités trop complexes pour être programmées, automatisées. Il garantit aussi que, parmi les actions de routine, celles qui traduisent la stratégie sont organisées par le contrôle opérationnel (elles sont souvent automatisées) de manière conforme aux objectifs stratégiques (cohérence, par exemple, d'un modèle de gestion des stocks avec la politique de délais de l'entreprise). Pour les actions non recensées dans cette démarche, la minimisation des coûts deviendra fatalement un objectif clé.

3. **Le modèle économique, champ du contrôle de gestion.** – Le cadre de référence du contrôle en général, et spécialement du contrôle de gestion, est la stratégie. Dans un domaine d'activité, elle s'exprime par un ensemble de choix fondamentaux effectués en vue d'accomplir la mission de l'entreprise ou de l'organisation en cause et d'atteindre la performance souhaitée dans ce domaine (compétitivité, rentabilité, pérennité... ou autres). Ces choix fixent le « modèle économique » de l'entreprise (ou *business model* – fig. 4 voir page suivante). Celui-ci, qui résume la stratégie, répond à trois questions : à quels besoins veut-on répondre ? À l'aide de quels processus clés ? En employant quelles ressources ? Sur quels « facteurs clés de succès » compte-t-on pour être performant ? Quels facteurs stratégiques de risque faut-il maîtriser ? Ces questions sont d'ailleurs génériques, valables pour toute entité, tout poste de responsabilité. Elles forment le volet stratégique du modèle économique. Ces choix déterminent des flux financiers, des besoins de financement, c'est le volet financier du modèle. Il est l'objet central de tout contrôle de gestion, mais sa compréhension, comme l'action sur les performances financières, passe par le volet stratégique, comme le montre la figure 4 (ci-après).

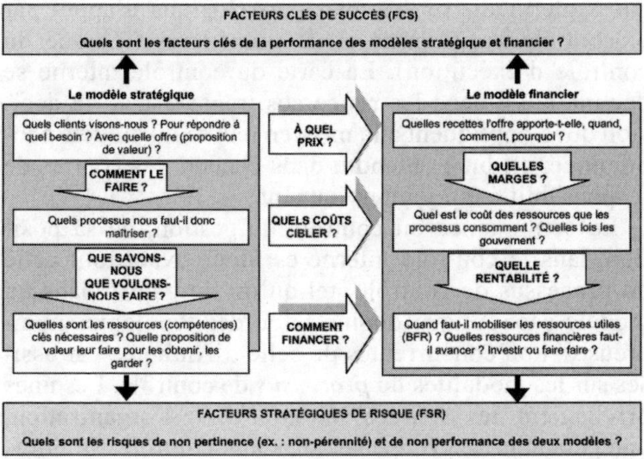

Fig. 4

C'est le modèle économique que mettent en œuvre au quotidien les managers et opérateurs, à travers les décisions multiples à horizons variés qu'ils prennent et/ou appliquent. Il n'y a pas de management sans cohérence des décisions et des comportements, et pas de cohérence sans réponse claire aux trois questions du volet stratégique du modèle. Chacun des six éléments du modèle économique tel que le présente la figure 4, reste à coupler avec une carte de son contrôle interne tel que la schématise la figure 3. En effet, la proposition de valeur faite aux clients, l'organisation des processus et la mobilisation des ressources clés, tout comme leurs pendants financiers et les facteurs clés de succès et de risque qui en découlent, doivent être finalisés, pilotés et postévalués. Aussi bien dans une perspective stratégique que dans une perspective de mise en œuvre de la stratégie, par l'intermédiaire des managers (logique d'appui par le contrôle de gestion) et de procédures (logique du contrôle d'exécution). La carte du contrôle interne se décline aussi dans les processus transversaux de décision qui s'appliquent à la mise en œuvre du modèle économique, et, bien entendu, dans chacun des centres de responsabilité qui y interviennent.

La contingence du contrôle de gestion, de sa position dans le contrôle interne est donc avant tout celle du processus de contrôle, tel qu'on l'organise dans un modèle économique donné. D'où des typologies nombreuses, non concurrentes de celle d'Anthony, car assises sur les modalités du *processus* de contrôle. Les unes privilégient les *sources du contrôle* : l'organisation, une personne, le groupe social, l'autocontrôle. D'autres s'appuient sur son *objet* : les comportements, les résultats, le personnel, les tâches, les valeurs ; ou encore sur l'*attitude du contrôlé* : impliqué, calculateur, hostile, poussé par des motifs intrinsèques ou « extrinsèques » comme des primes ; certains privilégient les *processus* de contrôle : cybernétique ou éloigné du modèle mécanique (G. Hofstede, 1981). D'autres, enfin, se fondent sur les *procédés de contrôle* : la logique de marché par la mise en concurrence, la bureaucratie, le clan ou la culture (W. Ouchi, 1979, 1980, 1981). De quoi dépendent ces profils ? Miles et Snow ont, en pionniers, centré la réflexion sur le rôle clé de la stratégie. Mintzberg (1979) a proposé une synthèse célèbre en cinq types d'organisations, qui renvoie elle-même à de nombreuses variables déterminantes. Plus récemment, le successeur d'Anthony à Harvard, Robert Simons, a abandonné toute typologie pour revenir au contenu à dosage variable des systèmes de contrôle dans lequel on retrouve les exceptions ci-dessus à la cybernétique. Il retient quatre « leviers de contrôle » qu'il ne cherche plus à qualifier de contrôle de gestion ou de contrôle opérationnel. Le contrôle est un ensemble de « procédures et systèmes formalisés qui utilisent l'information pour maintenir ou modifier les configurations de l'activité organisationnelle ». On ne saurait être plus vague. Les dirigeants, selon Simons, gèrent les risques liés à leur stratégie (dits incertitudes stratégiques) à travers des « systèmes de contrôle interactifs » qui permettront d'apprendre et de construire de nouvelles compétences, tandis que les facteurs clés de succès, pris au sens de compétences nécessaires pour la survie, peuvent donner lieu à une surveillance déléguée par les systèmes de « contrôle diagnostique ». Ce n'est pas tant la nature des systèmes (budgets, tableaux de bord, etc.) qui change que la manière dont les dirigeants s'en servent. Ils disposent d'autre part de deux outils : des « garde-fous » réglementaires qui définissent des interdits et la construction d'une culture commune. Le cadre de Simons a l'intérêt de montrer que ces leviers permettent de gérer les paradoxes auxquels tout manager est confronté : contrôler mais être ouvert au changement, faire appliquer la stratégie et en même temps admettre les idées créatives qui restent en cohérence avec les options fondamentales (fig. 5 voir page suivante). Tous les choix ne sont pas ouverts. Joan Woodward a montré que la technologie restreint souvent les solutions possibles. L'environnement pèse par sa complexité, son instabilité, son incertitude. Les travaux fondateurs ont été ceux de Thomas Burns et de G. M. Stalker (1961), qui avaient identifié cinq types d'environnements selon les taux de changement de technologie et du marché. Paul Roger Lawrence et Jay William Lorsch (1967) ont souligné le rôle de l'incertitude de l'environnement comme facteur critique du déroulement du processus

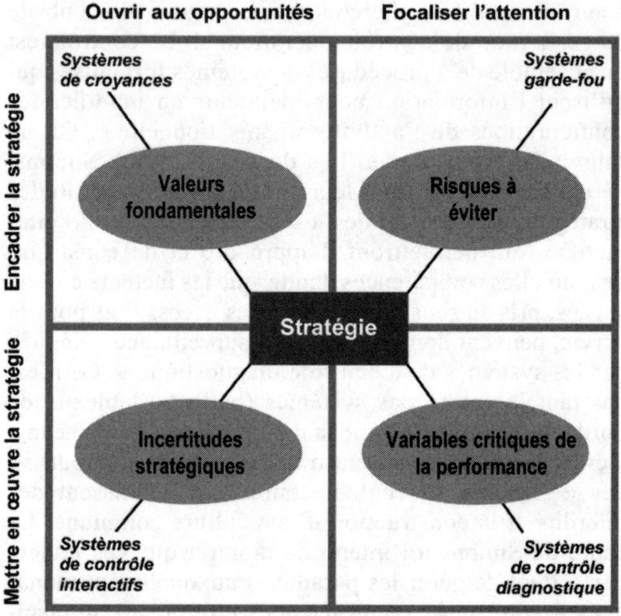

Fig. 5

de contrôle, puisqu'elle influence la capacité de prévision, l'horizon temporel pertinent pour fixer des objectifs, les interactions nécessaires et le temps requis pour connaître les conséquences de décisions correctives. L'incertitude change non seulement d'une entreprise à l'autre, mais d'un sous-environnement à l'autre : commercial, production, recherche. La variété des sous-environnements rend nécessaire une *différenciation* des modes de contrôle au sein d'une même entreprise, ce qui contraint à des processus d'*intégration* d'autant plus complets, reposant principalement sur la conception de techniques de résolution des conflits. La performance serait liée à l'adaptation fine à l'environnement : les modalités souples, dites « organiques » ne sont pas intrinsèquement plus efficaces que la bureaucratie, mais mieux adaptées à des environnements incertains. Cette perspective milite pour la relativité du contrôle de gestion, nécessairement multiforme, mode d'intégration parmi d'autres. La *taille* des entreprises, enfin, a été un facteur de contingence reconnu, notamment à la suite des recherches menées dans les années 1960 à l'université d'Aston à Birmingham. Elles ont traité trois caractéristiques : le degré de structuration des activités, la centralisation de la décision, le type de contrôle des tâches. Ces trois aspects ont été rattachés à diverses dimensions de contexte. La taille de l'organisation est apparue comme un facteur majeur de son degré de structuration : c'est la dimension de l'entreprise qui permet le mieux de prédire la spécialisation des tâches qui s'y instaurent, la standardisation et la formalisation qui y règnent. Ces résultats peuvent nourrir des théories évolutionnistes, qui voient des phases dans la vie des organisations, que des crises se font succéder lorsque le modèle de contrôle qui domine chaque phase rencontre ses limites (Greiner, 1972).

Par-delà la contingence, la typologie d'Anthony reste un repère. Elle témoigne de la solidité du modèle qui l'a inspirée, celui du General Motors à l'époque des pionniers de l'automobile.

Chapitre II

UN DISPOSITIF DU GOUVERNEMENT D'ENTREPRISE

Le contrôle de gestion a été construit par les pionniers pour être un de ces dispositifs de gouvernance ou de gouvernement d'entreprise, qui délimitent l'autonomie des dirigeants et régissent leurs relations avec les actionnaires, voire d'autres et nombreuses parties prenantes : managers, clients, fournisseurs, salariés, etc. L'enjeu est d'identifier ce que doit faire une direction générale et ce qu'elle doit déléguer. Il reste alors à construire les dispositifs apportant une certaine assurance quant à la cohérence dans l'exercice de l'autorité.

La généalogie de ce modèle est comptable et taylorienne. Elle affirme l'importance de trois principes dans la culture managériale occidentale : la croyance dans la vertu de la responsabilité individuelle ; la volonté de planifier le futur, essence de celle de contrôler ; la culture du contrat autour d'un projet.

I. – Une émergence dans les années 1920

Ce que l'on désigne aujourd'hui par « contrôle de gestion » a été créé au tout début de la décennie 1920 par les dirigeants de General Motors (GM), dont le principal actionnaire était les Du Pont de Nemours (l'historien Alfred D. Chandler est la référence). Il s'agissait de fédérer les divisions d'une entreprise éclatée, créée par acquisitions, afin de pouvoir saisir les promesses immenses du marché de l'automobile émergent. Alors que Ford vit de son fameux modèle *T*, fabrication unique à faible coût, GM va tenter le contre-pied : « un modèle pour chaque budget et chaque usage ». Il faut donc une instance de coordination des offres de l'entreprise : cela rend légitime l'existence de la direction générale pour des hommes pragmatiques qui croient à la vertu de la décentralisation, au principe de la « subsidiarité ». Comme l'écrit Chandler, le système à créer devait permettre « de coordonner, de juger et de planifier » les entités de GM et leurs projets. C'est la mission même du contrôle de gestion comme outil des dirigeants dans une perspective de gouvernement d'entreprise.

1. **Les faits.** – Le 29 décembre 1920, le conseil d'administration de la 5e entreprise industrielle des États-Unis, General Motors, présidé par Pierre Samuel Du Pont de Nemours (1870-1954), approuve un nouveau système d'organisation. Mise en œuvre avec l'aide de Donaldson Brown (1885-1965), qui, venu de Du Pont dont il était le *treasurer* (directeur financier), est nommé vice-président aux finances le 3 janvier 1921, la nouvelle organisation sera stabilisée en 1925. Elle résulte d'un document de 28 pages, une « étude d'organisation » rédigée en 1919 par un certain Alfred P. Sloan (1875-1966), ingénieur du MIT ayant fait fortune à la tête de la Hyatt Roller Bearing. Il avait acheté cette entreprise de roulements à billes pour 5 000 $ en 1899 et l'avait vendue 13,5 millions de dollars en 1916 à William C. Durant (1861-1947), fondateur de GM. Ce dernier l'avait intégrée dans une structure *ad hoc,*

United Motors, dont Sloan, un peu malgré lui, était le directeur général. Chaque manager, chez GM, resté à la tête de son affaire, joue alors son propre jeu sous l'œil peu vigilant de Durant que Sloan, actionnaire inquiet, alerte. Il lui remet fin 1919 l'étude évoquée ci-dessus préconisant une autre organisation : la création d'une direction générale. La voyant lettre morte, Sloan en fait circuler d'autres exemplaires, la transmet courant 1920 à Pierre Samuel Du Pont de Nemours, *chairman* (président) du conseil d'administration, qui cumule alors cette responsabilité avec celle, opérationnelle, de *president* de la société après l'éviction de Durant en novembre 1920. Du Pont savait qu'il fallait agir ; il avait déjà fait moderniser la comptabilité et placé des hommes de confiance à la finance, sans grande conséquence toutefois. Sloan le convainc d'aller plus loin. Le 10 mai 1923, P. S. Du Pont lui cédera les responsabilités de *president* de GM et de président du comité exécutif. Sloan a été *CEO* (*chief executive officer,* soit directeur général) de GM pendant vingt-trois ans (de 1923 à 1946), administrateur et membre de ses comités les plus importants pendant quarante-cinq ans. Il cédera la présidence en 1937 pour devenir *chairman,* mais rester *CEO* et donc présider le comité exécutif jusqu'en 1946, à 71 ans. À cette date, il abandonne le poste de *CEO* pour rester *chairman*. Il quittera cette responsabilité le 2 avril 1956, restant administrateur, membre du comité financier et du comité des rémunérations. Sloan laisse une entreprise dont les performances sont au sommet, mais plus pour longtemps.

2. **« La politique et l'administration de la politique ».** – De quoi souffrait General Motors sous Durant ? D'une incapacité paradoxale à grandir face

à un marché si prometteur. Paradoxe, en effet, parce que la croissance était l'obsession de Durant, qui en oubliait les contraintes financières. Grandir, pour lui, c'était prendre le contrôle financier d'entreprises dont le dirigeant, parfois fondateur, restait le manager : accumuler, accaparer. Construire, mais pas diriger. Dans les faits, GM était resté une société holding, malgré son statut de société d'exploitation *(corporation)* acquis en 1917. Au point que la trésorerie de chacun restait son affaire : GM, au fond, n'existait pas. Pis : faute de politique de produits, les uns prospéraient au détriment des autres et l'irresponsabilité s'était installée. Un comité de « maquignons », dira Sloan, composé de managers, votait les projets d'investissement. D'autres investissements moins visibles, qui échappaient au vote, les stocks, explosaient. GM faisait face à un symptôme, le besoin de trésorerie, qui condamnait sa croissance en menaçant sa pérennité, mais manifestait surtout un mal fondamental : l'absence d'une stratégie et d'une structure de gouvernement cohérentes pour saisir les opportunités du marché. Il fallait donc moins centraliser que créer un centre, laisser aux managers en place exprimer leur potentiel de leaders, mais bâtir une cohérence. La décentralisation de Durant ne choque pas Sloan, c'est l'absence de l'exécutif central qui l'inquiète. Ce qui sera vu comme une centralisation chez GM sera refusé au même moment comme utopie décentralisatrice chez Du Pont. Sloan est guidé par un principe : réunir ceux qui ont des problèmes identiques ou complémentaires. Mais il ne sera pas simple d'équilibrer synergie et autonomie.

La direction générale *(central organization),* selon Sloan, doit allouer des ressources et agir pour que les managers mettent en œuvre la politique décidée par les actionnaires. Elle doit déléguer le court terme aux divisions et faire en sorte que les arbitrages de la vie courante soient peu nécessaires, car ils mobiliseraient son temps précieux. Il faut donc réduire les interdépendances entre entités, sources de conflit. L'organisation repose sur une distribution des pouvoirs et sur des dispositifs appartenant à ce qui s'appelle aujourd'hui « contrôle de gestion » assurant le bon fonctionnement de la structure.

Le système organise d'abord l'*articulation des pouvoirs*. Sloan distingue, dans son rapport, deux niveaux de pouvoir : le *major control* et l'*executive* (ou *administrative*) *control.* Le *major control,* c'est l'autorité qui appartient aux actionnaires, au conseil d'administration et aux deux comités qui en émanent : le comité exécutif, qui définit les politiques et valide les projets et les stratégies ; le comité financier, qui confirme ou rejette (structure déjà présente chez Du Pont qui l'avait transposée chez GM en 1918). L'*executive control* appartient au *president* de la société qui « interprète et met en œuvre comme il l'entend » (mais sous la tutelle des comités) la politique définie par le *major control* des actionnaires. Notamment sous la tutelle bien réelle du comité financier, qui fait appel aux services financiers du *treasurer* et aux services comptables du *comptroller*.

S'organise ainsi un processus de management qui repose sur une division du travail : aux uns les politiques, aux autres l'« administration » des politiques, comme dit Sloan. Et à des fonctionnels d'état-major l'expertise qui sera mise au service de la hiérarchie. « Un groupe peut définir une politique, mais seul un individu peut la mettre en œuvre. » Il faut donc une structure qui permette d'isoler des responsabilités, de compartimenter : ce sera la structure par divisions de produits, déjà existante d'ailleurs. Ces divisions seront des centres de profit jugés sur leurs ventes et sur la rentabilité des capitaux investis, ce qui obligera les divisions qui fabriquent des pièces et des accessoires à facturer leurs ventes internes, tout comme leurs ventes externes. Un marketing sophistiqué placera les divisions automobiles sur des segments de marché différents, ne les rendant pas directement concurrentes. L'autonomie de Cadillac, Buick, Oakland puis Pontiac et autres Olds et Chevrolet sera bien réelle. Mais, même réduite au minimum, la gestion des relations transversales entre entités doit encore être réglée. C'est, classiquement, le rôle de la hiérarchie, mais c'est justement ce rôle dont Sloan veut dégager la direction. Il prévoira des comités transverses pour les questions qui restent, nous y reviendrons.

Sloan n'utilise jamais le mot de « stratégie », mais celui de « politiques », de « principes ». Au manager chargé d'agir, d'« administrer la politique », de traduire au concret ces positions. Les politiques peuvent s'exprimer par des tests à respecter, des formules, comme celle mise au point par Brown pour calculer le prix de vente souhaitable d'un nouveau modèle à partir de son coût prévisionnel, compte tenu des objectifs de rentabilité à préserver. On s'oriente donc vers un système de gouvernement dans lequel l'actionnaire contrôle l'aval (les objectifs) et l'amont (les moyens alloués) et, par l'intermédiaire de la chaîne exécutive, délègue le pilotage aux managers (fig. 6 voir page suivante).

Il s'agit, dans notre traduction libre de l'expression de Sloan *(« decentralization [of responsabilities] with co-ordinated control »)*, de « centraliser grâce à la décentralisation », parce que la décentralisation libère du temps rare de dirigeant. Fayol écrivait : « une centralisation obligatoire avec la plus grande

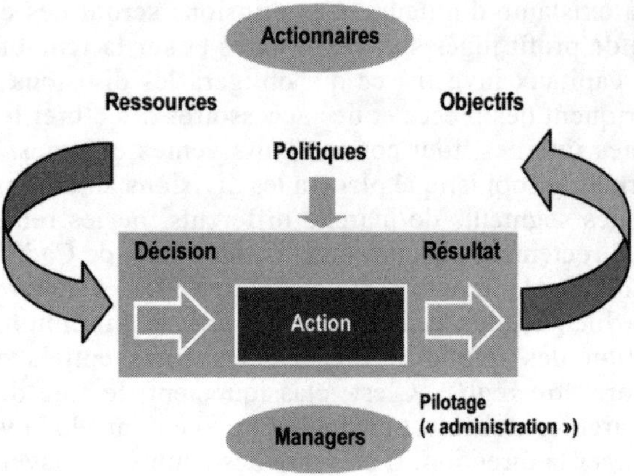

Fig. 6

initiative individuelle possible ». Grâce à la structure divisionnelle, l'interdépendance entre divisions tend à se limiter à la concurrence de leurs projets pour les ressources communes, alors qu'une structure classique par fonctions rendrait en permanence toutes les unités interdépendantes dans leurs flux de fonctionnement. Ce modèle de gouvernement fait des divisions des demandeurs de financement pour des projets soumis à la direction et réduit les exigences de coordination permanente. C'est par le contrôle de gestion que passe l'interdépendance qui reste.

3. **La rationalité dominante du contrôle de gestion financier.** – Pour qu'un tel modèle fonctionne, il faut les trois ingrédients du processus de contrôle : des critères de décision, des instruments de mesure pour alimenter un modèle prédictif, des processus de finalisation, de

postévaluation et de coordination. Brown va y pourvoir. Ce faisant, il donne vie au schéma de gouvernement de Sloan. Ce faisant, il organise l'univers de tous les managers.

Les droits de décision une fois définis par le projet de Sloan, il faut fixer les *critères des choix,* imposer une rationalité dominante. Ici, il s'agit de se développer par croissance essentiellement interne (la période Durant était celle d'une croissance externe) sous la contrainte de politiques marketing et d'une rentabilité fixée par un objectif de taux (le ROI, sur lequel on reviendra).

Les *instruments de mesure* sont des systèmes d'information alimentant des modèles prédictifs. L'information est la base de cette architecture du contrôle à distance. Tout passe par elle, elle est la condition *sine qua non* du succès, le préalable à tout le reste. GM avait failli disparaître en raison du défaut d'indicateurs. La comptabilité, qui joue un rôle pivot, apporte une information fondamentale, mais pas sur tout : les statisticiens et économistes seront nombreux chez GM, on aura besoin d'eux pour comprendre les comportements des marchés et pour prévoir. Tout le monde a besoin de prévoir : les comités, pour traiter les demandes d'investissements et les plans des divisions qui, une fois validés, valent autorisation de dépense jusqu'à un plafond ; et les managers, pour négocier avec les dirigeants et piloter. Le système d'information est aussi la base du suivi et du jugement sur les résultats obtenus. Les modèles servent, eux, à juger les résultats, à étudier les choix envisageables et à vérifier qu'ils respectent certaines politiques. On a mentionné plus haut celui de Brown, l'« étude de prix », qui détermine quel prix de vente correspond à un coût unitaire calculé pour un volume de référence et garantit une rentabilité (de 20 % dans l'exemple que

Brown a publié). Or, réaliser une rentabilité de 20 % alors que le volume réel vendu est supérieur au volume de référence n'est pas forcément satisfaisant, car l'effet volume accroît la rentabilité mécaniquement. Il faut donc un modèle capable d'actualiser la référence sur laquelle juger.

Le *processus de fonctionnement* scande le temps des managers et assure la cohérence de l'ensemble, en organisant des rendez-vous. La planification est la clé de la convergence des objectifs dans le temps et dans l'espace. GM distingue trois horizons (Donner, 1932) selon un schéma qui deviendra classique. Le fonctionnement quotidien relève du *line planning,* anticipation effectuée par la ligne hiérarchique pour organiser et coordonner les travaux. C'est du contrôle opérationnel et on n'est pas, à ce stade, dans la logique financière et budgétaire. Le futur immédiat (le mois en pratique) est piloté par le *tactical planning* ou *forecasting* qui désigne les plans courants constamment ajustés pour mettre en œuvre les budgets annuels à travers les aléas inévitables. À un an et plus, le processus de *strategic planning* fixe les stratégies et en prévoit la mise en œuvre à travers la planification à long terme *(long term planning)* qui repose sur une hypothèse d'activité normale moyenne, et à travers la planification annuelle qui est la source du budget et repose sur le volume courant d'activité. Voilà, semble-t-il, d'où vient la typologie d'Anthony.

Dans le modèle de GM, dirigeants et managers contrôlent les opérations par l'anticipation partagée. Ils construisent une instrumentation statistique et comptable qui, dès 1920, traitera successivement deux questions : d'urgence, le suivi du management courant (notamment des stocks, supervisés par un comité depuis la crise de financement provoquée en 1920 par l'absence de maîtrise du besoin en fonds de roulement), puis l'allocation des ressources aux projets émanant des divisions. Le rôle de Pierre Du Pont, adepte du contrôle financier, ne doit pas être sous-estimé. C'est le jour où il devient président qu'il étend le rôle du comité chargé de la rénovation de la finance (dit comité Pratt) à la supervision des achats : les divisions fourniront chaque mois une prévision des ventes de quatre mois glissants avec besoin de fonds de roulement en coûts variables (matières et salaires). La version « formelle » du contrôle de gestion de GM est peut-être autant, sinon plus, imputable à Pierre qu'à Alfred. Brown, lui, porte la culture financière de Du Pont. Dès sa prise de fonction en 1921, il met en place l'analyse des coûts et il institue un *reporting* dans lequel les divisions fournissent une prévision glissante des ventes et de la production des trois prochains mois, ce qui permettra de dissoudre le comité Pratt en avril 1921 et de disposer de prévisions des dépenses de production. Les divisions ne peuvent lancer des commandes qu'une fois ces prévisions approuvées. À partir de 1923, le 25 de chaque mois, les divisions indiquent l'état de leurs actifs au 1er du mois écoulé et au 1er jour des trois mois suivants. Dès décembre 1922, Brown leur demande trois estimations des ventes de l'année future, dans des hypothèses « pessimiste », « conservatrice » et « optimiste ». La déconvenue de 1924, mauvaise année non anticipée par les divisions, obligeant Sloan à visiter le réseau pour comprendre, déclenchera une série de mesures d'amélioration de l'information, qui s'étend au-delà des frontières de l'entreprise : un rapport parvient tous les dix jours des revendeurs ; il donne les ventes, les prises de commandes, les commandes en attente de livraison, les stocks en neuf et en occasion. Tout cela est comparé aux prévisions mensuelles et les immatriculations globales sont observées. On va ainsi savoir saisonnaliser. L'excès d'optimisme dans les prévisions est traqué. Elles sont revues en continu. Peu à peu, le centre dispose d'un modèle économique de chaque division. L'« étude de prix » est annuelle, elle étalonne les propositions des divisions par rapport à une norme. Les suivis mensuels de charges sont ajustés à l'activité constatée par le procédé appelé aujourd'hui des budgets flexibles. Dès 1925, les écarts entre prévision et réalisation ne dépassaient pas 1 %. Le système était organisé et entretenu par une chaîne de *comptrollers,* présents dans les divisions, hiérarchiquement dépendants des directeurs des divisions et fonctionnellement reliés au *comptroller* central, situé à la direction financière.

Les meilleures mécaniques doivent être renforcées par l'implication des acteurs, l'engagement des personnels et des managers. Ce dernier sera appuyé par une politique d'intéressement *(stocks options)* mise en place dès 1918, pionnière du genre.

Tout cela produisit des effets étonnants. Les parts de marché de Ford et GM entre 1920 et 1940 s'inversèrent. Alors qu'en 1921 Ford détenait 55 % du marché américain et GM, moribonde, 12 %, celle-ci était leader en 1940 avec 47,5 % tandis que Ford ne représentait plus que 18,9 %. Si General Motors, qui devint vite, sous la direction de Sloan, la plus grande entreprise du monde et l'une des plus rentables, apparaît comme l'anti-Ford, ce n'est pas seulement par sa stratégie, mais aussi et surtout par le goût pour l'organisation, les structures et les procédures que Sloan et son équipe manifestèrent immédiatement ; toutes choses qui n'intéressaient guère Henry Ford.

II. – Une généalogie

Certaines des idées de Sloan avaient émergé chez Du Pont. En 1919, ses dirigeants, lancés dans la diversification de leurs produits après une phase d'intégration verticale, chargent un comité de revoir les structures. Brown en faisait partie. Dans son rapport, le groupe explique que l'objet de l'organisation est « l'obtention du maximum de résultats avec le minimum de moyens » et que, dans ce but, il convient de rapprocher les activités voisines tout en les séparant de celles qui n'ont pas de rapport direct avec elles – ce qui ne signifie pas « réunir les choses qui se ressemblent » (Chandler, 1962, p. 116 et Dale, 1960, p. 56). Ce qui domine la conception de l'organisation, c'est l'idée que la performance dépend de la capacité à traiter un paradoxe fondamental : optimiser la routine en préservant l'évolution. C'est cette théorie, ou ce paradigme, qui, laborieusement, après GM, va, en septembre 1921, conduire Du Pont à la structure par divisions. On n'oubliera pas que, entre 1906 et 1910, Du Pont avait généralisé la pratique des budgets, des rapports mensuels confectionnés à partir des données quotidiennes sur les ventes, les salaires, les volumes produits et les coûts de fabrication des différentes unités. On pouvait y suivre des états mensuels de trésorerie en réel et en prévisionnel sur un an (Johnson et Kaplan, 1987, chap. IV ; Johnson, 1975). Les responsables des 40 usines disposaient, eux, de statistiques physiques (et seulement physiques) sur les consommations et les productions des différents processus, ce qui leur permettait de suivre leur propre efficience et de la comparer à celles des autres unités.

Derrière cette parenté proche, une vraie généalogie doit être retracée. Adeptes du contrôle à distance par délégation du pilotage, Sloan et Brown doivent beaucoup à Taylor et à la comptabilité.

1. **Le contrôle à distance par l'amont et l'aval : une philosophie déjà vue.** – Qui a inventé l'idée d'avoir le contrôle non pas par des ordres mais par le respect de « bonnes pratiques » comme disent les managers d'aujourd'hui ? Taylor. Mary Parker Follett, cette grande pionnière reconnue désormais, ne s'y est pas trompée. Le contrôle à distance par l'amont et par l'aval est taylorien : l'amont est la préparation du travail par ses huit contremaîtres *staff and line,* car Taylor (1856-1915) pensait que toute tâche posait huit problèmes. Il prévoyait quatre contremaîtres exécutifs pour l'encadrement technique plus que pour la surveillance *(executive bosses)* : préparation du travail jusqu'à la mise en place des pièces sur les machines *(gang boss),* mise en œuvre de l'usinage *(speed boss),* qualité *(inspector),* entretien des machines *(repair boss),* et quatre contremaîtres fonctionnels *(functional bosses)* du *planning department* auquel appartient « tout le travail intellectuel issu de l'atelier » : préparation des bons de travaux *(route clerk),* rédaction des fiches d'instruction *(instruction card clerk),* enregistrement des temps et des coûts *(time and cost clerk),* discipline *(shop disciplinarian).* Cette organisation, jamais mise en place sous cette forme, sera balayée par les critiques de Fayol (unité de commandement). Taylor n'a cependant pas inventé les fonctionnels. Chandler estime que la séparation entre le *staff* (les fonctionnels qui fixent des règles) et le *line* (les hiérarchiques de la chaîne de commandement) remonte à 1857 dans la compagnie de transport Pennsylvania. L'éloignement, la distance semblent avoir obligé les compagnies de chemins de fer

à inventer des processus de management qui reposaient sur l'information.

Une anecdote n'est d'ailleurs pas sans portée. Taylor avait été engagé en 1896 à la Lorain Steel pour établir une comptabilité des coûts. Le directeur général de la Lorain Steel était alors Coleman Du Pont de Nemours, ingénieur du MIT (lui aussi), et son *comptroller* était un certain Russell H. Dunham, qui occupa le même poste à la Bethlehem Steel en 1898 où il appela Taylor, puis devint *auditor* – en fait, directeur comptable – de la société E. I. Du Pont de Nemours Powder Co. dirigée par Coleman (Johnson, art. cité, 1975, p. 194 ; Copley, t. I, p. 445, qui mentionne une lettre de Coleman Du Pont). Rattaché au *treasurer* Pierre S. Du Pont, Dunham y fut l'artisan de la comptabilité analytique et de la centralisation de l'information financière. Il y a mieux encore : en 1898, Coleman, dirigeant la filiale Johnson Company de Lorain dont son cousin Pierre est directeur financier, y appelle Taylor pour réduire les coûts (Chandler et Salsbury, 1971, p. 32). Copley, son biographe, écrit à propos de la vision de la comptabilité par Taylor : « Dans le cas d'un homme comme Taylor, ceci conduisait inévitablement au développement de mécanismes de *contrôle* [les italiques sont de lui] des activités, des matières, etc. » (*op. cit.,* p. 446).

Certes, Taylor allait un peu plus loin que le contrôle par l'amont et l'aval, le contremaître observait le déroulement, mais on sait bien que Taylor ne croyait qu'à l'amont pour organiser la performance : la préparation du travail, la planification remplaçaient, dans son système, les pures incitations et l'initiative laissée à l'ouvrier. La bonne pratique était imposée. Évidemment, on n'ira pas aussi loin avec les managers. Par définition d'une situation managériale, la bonne pratique n'est pas forcément connue, évaluer les résultats, c'est donc, pour certains, vérifier les compétences du manager, sa propre autorité et son savoir-diriger. S'il n'est guère concevable d'appliquer les prescriptions tayloriennes aux situations managériales, pas plus, comme on l'a vu, que les principes cybernétiques de contrôle, il devient en revanche essentiel de socialiser le manager et de lui fournir des instruments de suivi et de jugement. Ces instruments, la comptabilité les fournissait déjà à l'époque de Sloan. Elle va contribuer d'ailleurs à organiser un management scandé par un rituel très rythmé.

2. **L'information comptable, normalisant, devient la clé du contrôle à distance.** – L'autre généalogie est comptable. La première révolution industrielle, celle de la machine à vapeur, marque le début d'un triple bouleversement : l'usine remplace la sous-traitance de marchand à façonnier, la concurrence s'exacerbe et la gestion de flux de plus en plus massifs devient vite un impératif. La boîte noire qu'est l'usine cache désormais les coûts de transformation des matières premières, alors que l'enchaînement des facturations de donneur d'ordres à sous-traitant fournissait jadis une information complète. Si l'on veut suppléer à la disparition des données antérieurement fournies par ces transactions, il faut donc créer un système d'information comptable interne (voir Chandler, 1977 ; Johnson, 1983). Il s'appellera, en France, « comptabilité industrielle » jusqu'aux années 1950, « comptabilité analytique d'exploitation » dans le Plan comptable de 1947 et « comptabilité de gestion » aujourd'hui. L'intérêt d'une comptabilité des flux internes dépend cependant de l'urgence que présente la connaissance de l'efficience interne pour le gestionnaire. Elle est forte si la concurrence l'est aussi

(Nikitin, 1992), qu'il s'agisse de la concurrence pour les ressources en capitaux ou de celle des autres industriels. Le XIXe siècle voit donc se développer une comptabilité qui capture les flux internes en s'inspirant de la comptabilité en parties doubles du négociant, connue depuis le Moyen Âge en Italie, diffusée par Luca Pacioli en 1494. Puis on s'attaque à des problèmes de modélisation : comment répartir les coûts communs à plusieurs entités ou à plusieurs produits ? Puis on tient compte des lois économiques des coûts, car elles sont indispensables pour prévoir : coûts « fixes » et coûts « variables » sont distingués, et la notion de point mort, volume critique d'affaires à atteindre pour couvrir les coûts par les ventes, est développée en 1903, peut-être avant.

Les « révolutions managériales » semblent bien survenir lorsque la maturité des outils, progressivement améliorés et enrichis, autorise à en modifier l'usage. Cette forme élémentaire de contrôle de gestion qu'est la comptabilité va bientôt se compliquer et surtout changer de nature. Si l'objectif de Taylor n'était nullement de développer les systèmes comptables, il fut conduit pourtant à s'occuper de la comptabilité industrielle, qui devient l'instrument d'une analyse très raffinée des coûts, décomposés en opérations élémentaires selon des principes toujours en vigueur aujourd'hui dans de nombreuses entreprises. Emerson allait parachever la comptabilité dite en coûts standard ou en coûts préétablis. Dans les industries de main-d'œuvre et d'assemblage auxquelles s'intéressait Taylor, l'attention se porta sur les opérations plus que sur l'optimisation des flux, et la comptabilité se détourna insensiblement du produit pour aller aussi vers la tâche. Avec le taylorisme, si la comptabilité interne gagne en complexité, elle change surtout de forme. En effet, dans une organisation où les tâches sont répétitives et soumises à des normes de temps et de consommation, il n'est plus nécessaire de calculer tous les mois combien ont coûté les produits ; il suffit d'identifier les écarts par rapport aux normes, les relier à des responsabilités et les détecter à temps pour intervenir. La comptabilité ainsi normalisant met en évidence la notion de *responsabilité*. C'est là une avancée fondamentale vers ce qui sera bientôt le modèle de base du contrôle de gestion, où tout repose sur la notion de *centre de responsabilité*. D'autre part, il faut que le système comptable accroisse sa *rapidité*, pour informer les décideurs non pas une fois ou deux par an, mais au moins une fois par mois (et chez Taylor, en 1898, à la Bethlehem Steel, tous les soirs pour la paye). La rapidité est une notion relative, dépendant notamment de la nature de la décision que l'information est censée servir : s'il s'agit de commander le fonctionnement du processus de production, c'est le zéro délai, le temps réel qui convient. Ici, ce n'est pas de cela qu'il s'agit, mais d'informer la hiérarchie de l'état des opérations sur un mois en général. De lui faire connaître la nature et l'ampleur des anomalies résiduelles, des déviances, d'en mettre en évidence les causes, matérialisées par autant d'écarts, ce qu'elles ont finalement coûté ou rapporté. On va pouvoir se servir de la comptabilité pour déléguer (ce n'est, en interne, qu'une redécouverte). La généalogie est bien là : Taylor a rendu le contrôle de gestion possible en résolvant des questions d'organisation qui auraient fait obstacle au progrès du management, et en faisant naître des systèmes comptables d'information qui lui sont indispensables. Il a créé le principe d'exception, où le chiffre se substitue à la surveillance du chef qui n'intervient que pour corriger lorsqu'une anomalie persiste. Les Du Pont l'avaient compris. Par de nombreux aspects moins reconnus, notamment son intention de réconcilier l'intérêt individuel et l'intérêt collectif par des systèmes de primes, Taylor anticipe l'émergence du management moderne, dans une vision d'ingénieur que les financiers ont vite su exploiter. En France, il est vrai, ces aspects-là restent assez peu perçus ; le *scientific management* de Taylor y est devenu « organisation scientifique du travail ».

Il serait d'ailleurs possible d'ouvrir une voie plus provocante que celle-ci à la généalogie du contrôle de gestion : celle de l'organisation militaire. Les artilleurs furent nombreux à organiser les arsenaux selon des modes dont la philosophie est taylorienne, bien avant Taylor, rendant possible le suivi des flux physiques par les systèmes d'information. Certains voient une filiation allant de Gribeauval à West Point en passant par l'École polytechnique pour parvenir à Taylor, et visible notamment dans la gestion de l'armurerie de Springfield par le colonel Lee vers 1830. Il n'est pas seulement anecdotique d'indiquer que, le jour de mai 1886 où Taylor prit pour la première fois la parole devant l'American Society of Mechanical Engineers, ce fut pour débattre de l'antériorité de ses propres travaux avec le capitaine Henry Metcalfe, organisateur de deux arsenaux et auteur du premier ouvrage américain connu de comptabilité industrielle paru l'année précédente. Et il est équitable de rappeler le rôle du lieutenant-colonel et polytechnicien Émile Rimailho en France, dans la formation entre les deux guerres d'une méthode de comptabilité analytique qui, sous une forme appauvrie, fut adoptée par le Plan comptable général de 1947 à 1982 sous le nom de « méthode des sections homogènes » et qui perdure jusqu'à nos jours. Son principal ouvrage (Rimailho, 1936, p. 89) montre en quoi un système comptable de gestion est lié à une philosophie de l'organisation. Il revendique d'ailleurs pour les établissements constructeurs de l'Artillerie l'invention de méthodes rationnelles d'organisation du travail bien antérieures à celles de Taylor, et en tout cas fermement établies en 1886. Le taylorien Henry Lawrence Gantt proposera, en 1915, une méthode d'analyse des coûts fixes qui vise à ne faire supporter aux productions que la quote-part de charges fixes qu'elles ont consommée, et non pas à répartir systématiquement tous les coûts constatés dans une période entre les productions qu'on y a faites. C'est la technique dite de l'imputation rationnelle, préconisée en France par Rimailho (1928) et qui fonde les calculs de Brown lorsqu'il se réfère à un « volume standard » de production pour définir un coût unitaire.

Avec le mouvement lancé par Taylor et ses disciples, le système d'information comptable, préfigurant la double fonction de ce qui deviendra le contrôle de gestion, servira à la fois à *éclairer les décisions économiques* et à *normaliser les comportements* dans l'entreprise. Pour ces usages, les dirigeants ressentirent le besoin de systèmes d'information plus développés : pour les informer eux-mêmes du bon déroulement des actions confiées, mais aussi pour informer ceux à qui ils en vinrent à déléguer progressivement.

III. – Les hypothèses majeures du modèle de référence

Le modèle Sloan-Brown repose sur trois hypothèses fondamentales. D'abord, une organisation faite pour déléguer : un découpage vertical de l'entreprise en centres de responsabilité. Ensuite, une coordination par la planification. Enfin, une relation contractuelle plus que hiérarchique. Ce qui a fait le succès d'un tel schéma, c'est cependant le talent de Sloan, qui s'est en personne assuré qu'il ne tombait pas dans le simplisme.

1. **Une vision verticale de l'entreprise : le centre de responsabilité.** – Le centre de responsabilité est l'unité de base du contrôle de gestion. Doté d'un budget, c'est à lui que les ressources de l'entreprise sont allouées, il est aussi l'entité élémentaire de sa performance. Il peut être une *business unit,* s'affrontant avec sa stratégie à la concurrence dans un domaine d'activité comme le ferait une entreprise autonome. Un centre de responsabilité est, plus généralement, une entité dont le dirigeant s'engage à atteindre certains résultats à échéance convenue moyennant mise à disposition de moyens préalablement définis. Ce qui spécifie le centre de responsabilité, c'est l'idée d'un couple objectifs-moyens. Le pilotage est délégué dans une logique « contractuelle » sur laquelle nous allons revenir. Le véritable centre de responsabilité, celui qui forme l'ossature du système Sloan-Brown, c'est le centre de profit – terme dont Peter Drucker (1993, p. 64) revendique la paternité – doté d'un compte de résultat et d'un actif de bilan. Le principe même du système de management rendu possible par le contrôle de gestion est dans cette articulation (fig. 7 voir page suivante) : la direction générale finance les projets des centres de profit. Ceux-ci n'ont pas à rechercher leurs ressources (ils n'ont donc pas, au sens comptable, de « passif » de bilan), mais à convaincre la direction de les financer. Ils sont donc dotés des autres attributs des états financiers, résultat et actif (immobilisations, actifs circulants, souvent pas de trésorerie propre, celle-ci étant, comme la finance, centralisée).

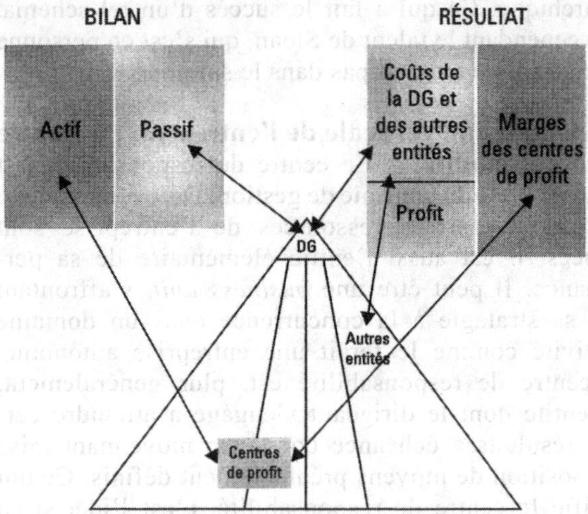

Fig. 7

L'idée de centre de responsabilité s'est répandue dans les années 1950 ; elle s'est appliquée de plus en plus bas dans les organigrammes, de sorte que le langage du contrôle de gestion distingue aujourd'hui cinq types de centres de responsabilité. Les *centres de chiffre d'affaires* vendent et maîtrisent les moyens utiles pour cela : ils engagent des coûts et même certains actifs (crédit clients, par exemple), mais on suppose que ceux-ci sont une part trop limitée des moyens totaux nécessaires à la vente pour faire de l'entité commerciale un centre de profit. Les *centres de coûts* et de *frais discrétionnaires* ne réalisent pas de recettes, leur production ne donnant pas lieu à facturation. La différence qui conduit à les distinguer porte sur la connaissance des moyens qui leur sont nécessaires et sur la mesure de cette production. Celle des centres de coût est décrite en unités physiques : tonnes, volume ou nombre de pièces produites, par exemple, par une usine. Elle se prête à des modèles assez simples. Mesurer la production des centres de frais discrétionnaires est plus complexe : comment quantifier sur un court terme la production d'un centre de recherche, d'un service en charge de la communication de l'entreprise ? Lorsque la mesure de la production est possible, la relation entre cette production et les moyens nécessaires reste difficile à déterminer : quel montant faut-il investir en recherche pour mettre sur le marché dans cinq ans trois produits nouveaux qui réaliseront un chiffre d'affaires x ? La distinction entre les *centres de profit* (qui ont un simple compte de résultat) et *d'investissement* (qui ont, de plus, un actif de bilan) est assez peu usitée en pratique. Les premiers centres de profit, comme les divisions de General Motors, étaient des centres d'investissement. C'étaient des *business units*. La réalité est souvent intermédiaire : il est rare qu'un centre de responsabilité gère des ventes et des coûts sans avoir le moyen d'intervenir sur ses actifs, immobilisations, stocks ou comptes clients. Mais il est rare aussi qu'il ait une maîtrise complète de tous ces actifs. On doit marquer l'importance prise par la logique comptable dans un tel classement, qui témoigne d'une époque du contrôle de gestion. D'autant qu'il ne résulte de ce classement aucune mesure simple de la performance : si la mission d'un centre de chiffre d'affaires est d'obtenir de ses clients qu'ils passent leurs commandes plus tôt dans l'année, à quoi correspond alors le titre dont on le qualifie ? On remarquera toutefois que cette nomenclature prévoit que tout gestionnaire disposant d'une influence sur les capitaux investis doit rendre compte par l'intermédiaire d'une rentabilité (cas des centres d'investissement).

La règle du jeu du contrôle de gestion par les centres de responsabilité veut que chacun d'eux puisse être doté d'objectifs clairs, de moyens cohérents et que sa performance puisse être mesurée ensuite sans ambiguïté par référence à ce couple d'objectifs et de moyens, donc en termes d'efficience et d'efficacité. Toute prestation interne est susceptible d'être facturée par recours à des *prix de cession internes,* ou de *transfert,* pratique d'ailleurs nécessaire entre filiales, car elle préserve la possibilité d'une évaluation comptable et financière de la performance de chacun. Pour mesurer la contribution de chaque centre au résultat financier global, le prix de marché, s'il existe, est le moyen de facturation interne le plus correct, car il rend les performances financières des centres indépendantes (aucune « rente » n'est transférée ni accaparée) et leurs coûts sont comparés au prix de marché. Les résultats financiers positifs des centres expriment donc l'économie réalisée sur l'achat à l'extérieur. Mais les facturations internes peuvent poursuivre d'autres buts et justifier d'autres solutions. Les sociologues y voient surtout la conséquence des rapports internes de pouvoir, plus que le produit de la pure rationalité économique. Ainsi, Richard M. Cyert et James G. March, dans un ouvrage célèbre (1963), expliquent que les organisations ne relèvent pas du comportement optimisateur que les économistes leur supposent, car les décisions s'y prennent dans une dynamique de rapports de force entre groupes où les conflits ne sont que partiellement résolus. Les prix de cession internes y sont vus comme un enjeu, un mécanisme artificiel, voire arbitraire d'allocation de la performance globale de l'entreprise entre les centres. Lorsque les transferts internes sont importants, il risque de devenir plus rationnel de dépenser son énergie à négocier les prix de cession qu'à améliorer sa position concurrentielle ou sa productivité. Si les entités concernées sont des filiales à existence juridique propre, la question ressortit plus au droit ou à la fiscalité qu'au contrôle de gestion.

2. **La coordination par la planification.** – La coordination des projets fait appel à des cycles de planification qui mobilisent des moyens importants, comme l'a montré l'exemple édifiant de General Motors. Dans les années 1960, on en était quasiment arrivé à une norme, le plan opérationnel de cinq ans glissant (revu chaque année pour cinq ans) accompagné de plans d'action annuels traduits en budgets, c'est-à-dire en états comptables, et pas seulement en recettes et dépenses prévues. Avec la crise qui a suivi, les entreprises ont plutôt cherché à réfléchir à plus long terme quand elles le pouvaient, quitte à renoncer à planifier et à allonger à deux ou trois ans l'horizon du contrôle budgétaire. La contrainte financière a sans doute encouragé certains à faire passer le budget avant le plan censé le sous-tendre.

Le propos de la budgétisation est d'abord de définir les projets que l'entreprise retient et les moyens qu'elle compte leur allouer. Si la budgétisation d'entreprise n'est pas un simple exercice de répartition d'enveloppes financières, une de ses fonctions sera d'apprendre à modéliser les relations entre moyens et résultats. Dans une gestion par centres de responsabilité, le budget devient un contrat qui matérialise l'engagement du centre envers certains objectifs et celui de la hiérarchie envers certains moyens. Si l'inscription d'une dépense au budget ne vaut pas nécessairement autorisation de l'engager pour le responsable du centre, c'est en principe parce qu'il convient, au moment de mettre le projet à exécution, de vérifier qu'il reste justifié.

Les budgets sont classés selon deux typologies. La première est comptable. On distingue le budget d'exploitation, qui est un compte d'exploitation prévisionnel, le budget de trésorerie, le budget d'investissement, le bilan prévisionnel qui, sans être réellement un budget, est un document de synthèse. La seconde classification est organisationnelle. On distingue alors les budgets par centre de responsabilité, qui peuvent être regroupés en trois catégories : les budgets immédiatement reliés au cycle de production et de vente (budgets des ventes, qui commandent les autres, budget des moyens commerciaux, d'approvisionnement, de production, de stocks, des effectifs de production), les budgets d'investissement, les budgets des centres de frais discrétionnaires.

Ces derniers sont difficiles à établir, pour des raisons qui tiennent à la mauvaise connaissance de la technologie reliant les moyens et les objectifs de tels centres. Diverses techniques ont été tentées, notamment celle du « budget à base zéro » (BBZ), dans les années 1980. Cette technique est issue de tentatives faites au ministère de la Défense des États-Unis par Robert McNamara, ancien contrôleur de gestion et président de Ford, au début des années 1960, pour y appliquer le contrôle de gestion et qui avaient débouché sur le *Planning, Programming, Budgeting System* (PPBS), transposé en France sous le nom de RCB (rationalisation des choix budgétaires). La démarche du BBZ consiste à recenser les activités menées par un centre, à s'interroger sur leur utilité, notamment en les faisant évaluer par leurs utilisateurs, et à chercher à identifier le meilleur moyen de les obtenir au juste niveau. Cette procédure est venue remplacer celle qui fondait le budget de tels centres sur la base du niveau atteint l'année précédente, encourageant soit les éventuels gaspillages pour dépenser le budget, soit des incohérences récurrentes si les moyens sont insuffisants.

La mise au point des budgets demande des procédures précises et souvent complexes, car on a intérêt à commencer le plus tard possible pour disposer d'une meilleure information sur l'année en cours, ce qui contraint à aller vite, donc à éliminer les navettes inutiles, tout en ménageant le temps voulu pour explorer des variantes. Les contrôleurs de gestion ont la charge d'établir ces déroulements et d'assister les opérationnels, notamment en traduisant leurs plans d'action dans le langage budgétaire. Mais ce ne sont pas les contrôleurs qui décident des budgets, c'est le rôle de la hiérarchie, faute de quoi les plans d'action resteraient probablement de simples scénarios.

L'efficacité du processus budgétaire pour la mise en œuvre de la stratégie dépend de la capacité de l'entreprise à faire des prévisions réalistes et à définir des plans d'action. Il sera, toutes choses égales d'ailleurs, plus facile de pratiquer la gestion budgétaire dans une entreprise dont les marchés sont mûrs, à concurrence stabilisée, et en phase de croissance modérée, que dans une entreprise qui s'adresse à des marchés en émergence, où l'innovation accélère les cycles de vie de manière incertaine, ou encore dans une entreprise qui travaille sur des projets dont le succès ne peut pas être inféré de celui des projets précédents (mode, édition ou création artistique, par exemple).

En fait, l'aptitude du processus budgétaire à aligner le court et le long terme est variable, mais toujours imparfaite. D'autant que, quoi qu'on en pense ou même qu'on fasse, la logique financière reste dominante dans les budgets. Elle est la source d'un paradoxe : peut-être les budgets sont-ils plus performants là où on leur donne un rôle de contrepoids (c'est, semble-t-il, le cas dans les entreprises où la logique de l'innovation et de la créativité domine la stratégie au quotidien) que là où ils doivent prendre le relais de la stratégie ? Ces limites justifient, en tout cas, une démarche complémentaire.

3. **Une culture du contrat.** – Le contrôle de gestion du modèle classique repose sur un pilotage amont-aval (objectifs-moyens), une délégation de pilotage rendue possible par la définition préalable des finalités poursuivies et moyens alloués (finalisation) et par la mesure des résultats obtenus à des points de rendez-vous (post-évaluation). La logique amont-aval implique aussi un apprentissage par le suivi critique des résultats obtenus. Elle tend souvent à se transformer en contrat moral : la publication d'objectifs par les grands groupes les lie, sous peine d'« avertissement sur les résultats » ou de surprise qui, même favorable, risque de passer pour la marque d'une mauvaise maîtrise. Dans un monde que l'on veut prévisible, sous contrôle même quand il est turbulent, il n'y a plus de bonnes surprises. Certains ont fait remarquer que ce mode de management, contractuel plutôt que hiérarchique – puisque la hiérarchie achète vos projets plus qu'elle ne vous commande –, n'est pas culturellement neutre. Deux études font référence.

La première a été menée par Geert Hofstede auprès du personnel d'une grande société multinationale entre 1967 et 1973 (Hofstede, 1987 ; Bollinger et Hofstede, 1987). Cette enquête permit de collecter 116 000 questionnaires dans 72 pays. Leur examen a montré que les personnels interrogés se référaient à des valeurs différentes, malgré les efforts déployés par la société pour développer une culture d'entreprise uniforme. Le traitement statistique des questionnaires a fait ressortir quatre dimensions qui, selon Hofstede, permettent de décrire les cultures nationales, véritables « programmations mentales collectives » explicatives des différences d'attitudes constatées. Ces quatre dimensions sont : l'*individualisme,* lié à la richesse du pays concerné ; la *distance hiérarchique,* perception et acceptation de l'inégalité ; le *degré de contrôle de l'incertitude,* indicateur de l'acceptation des risques ; la *masculinité* opposée à la féminité, propension à valoriser la réussite personnelle, la domination (masculinité) ou au contraire la qualité de la vie, l'altruisme (féminité). Le pays le plus masculin dans l'échantillon est le Japon, et le plus féminin, la Suède. Dans les constats réalisés, l'Amérique du Nord et la Grande-Bretagne apparaissent comme de culture très individualiste, à moyenne distance hiérarchique, à propension moyenne à contrôler l'incertitude, et tournées vers les valeurs masculines. Elles ne se distinguent nettement des pays scandinaves que sur ce dernier critère et quant à la distance hiérarchique, qui est moins forte dans ce groupe que dans celui des États-Unis. Les pays d'Asie du Sud-Est, très peu individualistes, à forte distance hiérarchique, sont plutôt enclins à accepter l'incertitude et ne peuvent se ranger dans une catégorie homogène quant à la masculinité. Il faut noter que le Japon s'en distingue et se rapproche, sur plusieurs aspects, des pays latins. Ceux-ci (Europe du Sud dont France, Amérique du Sud) font preuve d'un individualisme proportionnel à leur niveau de vie (sauf le Japon, peu individualiste), admettent une grande distance hiérarchique, montrent une forte propension à refuser l'incertitude et des valeurs féminines. Les pays germaniques semblent former un groupe à part, individualiste, à faible distance hiérarchique, plutôt peu enclin à admettre l'incertitude, à valeurs plutôt masculines. En privilégiant les critères de distance hiérarchique et de contrôle de l'incertitude, Hofstede propose quatre modèles d'organisation : le marché (Amérique du Nord, Grande-Bretagne et Europe du Nord), la pyramide (Europe et Amérique du Sud, Japon), la machine bien huilée (pays germaniques), la famille (Asie, Afrique).

On est alors loin de considérer le contrôle de gestion comme une avancée technologique qu'il conviendrait de transférer. On voit bien, par exemple, pourquoi un tel modèle se heurte à des difficultés s'il est transposé en France : l'individualisme n'y est pas contrebalancé par l'acceptation du risque, la distance hiérarchique s'y comprend comme l'acceptation de la centralisation, donc le peu d'intérêt pour la participation à la décision, vite vue comme un piège, à charge pour le chef de ne pas exercer un contrôle aussi vite assimilé à un soupçon ; la réussite individuelle n'y est guère légitime.

Avec une méthodologie très différente, une série d'études de cas menées par Philippe d'Iribarne (1989) et son équipe conduisit à des constats en bonne partie convergents avec ceux de Hofstede pour peu qu'on puisse les comparer. Trois usines d'un même groupe industriel ont été observées aux États-Unis, aux Pays-Bas et en France. L'auteur considère que la manière dont chaque pays organise ses entreprises reflète la façon dont chacun considère la régulation d'une collectivité (et, en reliant les modalités de la régulation collective à de très anciennes traditions nationales, il va plus loin que Hofstede, suggérant l'immobilisme). L'usine américaine obéit à un modèle qui relève de la logique du contrat, les relations hiérarchiques s'y construisant sur la référence des rapports de client à fournisseur et l'idée de contrat conduit droit à la décentralisation. La gestion à la façon des Pays-Bas est fondée sur la recherche du consensus. La situation française montre l'importance de l'esprit de corps cher à Fayol, du rôle des statuts professionnels au sein du personnel ouvrier, porté à admettre la centralisation si, en contrepartie, le chef évite de mettre en place des contrôles systématiques qui sont perçus comme le signe d'un soupçon latent. Si la délégation crée volontiers chez le délégataire, dans ce que l'auteur appelle la logique de l'honneur, le sentiment de se sentir responsable qui implique l'exigence de se montrer digne, c'est largement parce que, dans ces situations où le savoir-faire joue un rôle clé, la délégation est ressentie comme la reconnaissance logique d'une compétence, la concession d'un territoire, que l'idée d'un contrôle systématique viendrait brouiller. La notion de client à fournisseur n'appartient pas à cette culture, l'individualisme de la performance non plus, qui cède devant le sentiment d'appartenance au groupe professionnel et le quitus vis-à-vis de soi-même. Une tendance naturelle à centraliser en résulte, elle ne peut être freinée que par la résistance de groupes professionnels forts – au prix sans doute d'effets pervers.

Dans le contexte français, il ne semble pas extravagant de supposer que la logique du contrat soit souvent mieux admise par les cadres que par les exécutants, ce qui laisse entrevoir l'entreprise française typique (mais en existe-t-il ?) comme une organisation où au moins trois cultures pourraient se rencontrer et se superposer. Celle des dirigeants, sans doute de manière croissante, comptables devant les marchés financiers et, à ce titre, influencés par la comptabilité financière ; celle des cadres, engagés dans une logique contractuelle importée ; celle des exécutants fidèles à la logique de l'honneur et prompts à contrôler le contrôle. Décompte qui omet le cas de ceux que leur statut professionnel ne protège pas. L'entreprise française, cas clinique de pluralité des référentiels, serait alors guettée par l'opacité organisée, forme spécifique de la gestion par les chiffres, où chaque boîte noire trouverait sa logique culturelle propre. L'histoire a aussi beaucoup à dire (Lévy-Leboyer, 1980, 1991).

Il convient cependant de limiter les généralisations et de se méfier des grilles de lecture trop englobantes et monistes, vite déterministes. Les sociologues pourraient expliquer que les règles propres à chaque entreprise, à chaque profession, créent des situations qui viennent infléchir de telles tendances, à supposer qu'elles aient une large pertinence. Il faut rappeler d'ailleurs que les travaux de Michel Crozier (1963, 1977), observant le fonctionnement d'organisations bureaucratiques françaises, ont joué un rôle pionnier pour faire percevoir comment la rencontre d'une organisation et de ce qu'on appelle maintenant des cultures crée ce qui passe parfois pour des effets pervers, du désordre.

Pour exploratoires qu'elles soient, de telles études rappellent que nos comportements ne sont pas contrôlés par les dispositifs administratifs et formels, mais aussi et surtout par le « contrôle invisible » auquel chacun est soumis, ce guide informel issu de notre personnalité, de notre éducation, des groupes par rapport auxquels nous nous situons, de nos valeurs. Nous ne laissons pas au seuil de l'organisation les valeurs et les normes qui enserrent notre vie quotidienne. Nous percevons une symbiose, une indifférence ou une opposition entre elles et les règles imposées. Le contrôle invisible a souvent le dernier mot, comme le savent bien ceux qui, par récurrence, tentent de le contrôler.

Marqué comme il semble l'être par une culture nord-américaine, par une vision financière de l'entreprise et une conception verticale de son organisation, le modèle des années 1920, qui a permis tant d'aventures industrielles, est aujourd'hui à la fois critiqué et porté par la mondialisation. En même temps, avec quelque paradoxe, ce modèle de gouvernement par les résultats et les projets, la délégation et le *reporting*, laisse entrevoir qu'il est transposable à des organisations bien différentes de la GM des années 1920. Quel peut être son avenir ?

Chapitre III

PÉRENNITÉ ET RENOUVEAU

Le modèle Sloan-Brown a envahi le monde. Contrôle par l'amont et par l'aval, on vient de voir qu'il est soustendu par trois dispositifs fondamentaux : une organisation, des plans, une culture. Pour préserver le temps de la direction générale, les *centres de responsabilité* doivent être organisés pour éviter les conflits. Dans cette division du travail de management, le contrôle de gestion *prend sa source dans une stratégie* qui déclenche un processus de *planification*. Ce cloisonnement organisé permet une évaluation de *la performance à travers les résultats obtenus* qui crée une véritable culture. Culture de contrats, transformable en dynamique de projets pour qu'elle soit le contrepoids au conformisme, le réceptacle du contrôle invisible, le gage espéré de la contribution du contrôle de gestion au changement. Finalisation et postévaluation sont les clés de tout l'édifice. Sans but clair, aucun contrat n'est possible. L'instrumentation de gestion articule les choix des managers avec l'intérêt de l'entreprise dans son ensemble. Le pilotage ainsi encadré peut se déléguer.

En fait, aucune de ces hypothèses n'est complètement vérifiée en pratique et aucune n'a été réellement respectée même chez GM, sans être non plus vraiment enfreinte. Chacune d'elles apparaît à la fois comme un point clé et une menace pour le modèle d'organisation qu'elle fait vivre. La planification est lourde, et il n'est pas facile de faire décliner sur le terrain une stratégie conçue par d'autres. Ramener la performance aux résultats financiers comporte des effets pervers multiples, tout comme la manie des chiffres et des indicateurs. Enfin, la responsabilité du management n'est pas forcément renforcée par la construction d'entités cloisonnées. Sloan le savait, il a compté sur des comités qu'il présidait souvent lui-même pour associer les managers de division à la conception de la stratégie, équilibrer le pouvoir de l'actionnaire et celui du management salarié. Il a construit des comités transverses pour établir des passerelles et favoriser la diffusion des idées au sein de GM. Mais ces pratiques fondamentales, clés du système Sloan, et d'ailleurs très peu étudiées, ont été perçues comme une bureaucratie de plus, alors qu'elles font du contrôle de gestion une composante du gouvernement d'entreprise ; l'équilibre fragile s'est peu à peu détruit. Ce qui était bon pour General Motors serait-il encore bon pour le reste du monde ?

I. – Stratégie, plans, budgets

On a relevé que Sloan n'emploie pas le mot de « stratégie », mais celui de « politique ». Langage d'époque ou véritable intention ? La notion de stratégie ne s'est imposée dans la pensée managériale que, semble-t-il, vers les années 1950 et un homme de la génération de Sloan avait peut-être d'autres références. Une politique est une attitude devant un problème, une stratégie est le choix retenu pour le résoudre. S'il est banal d'indiquer aujourd'hui que le contrôle de gestion doit contribuer à la mise en œuvre des stratégies de l'entreprise, l'affirmation faisait sursauter dans les années 1970, voire 1980.

Anthony offre un exemple édifiant : si le contrôle de gestion est relié au *strategic planning* dès 1965, la référence à la stratégie n'apparaît fortement que dans les années 1980 : « Le contrôle de gestion est le processus par lequel les managers influencent d'autres membres de l'organisation pour mettre en œuvre ses stratégies » (Anthony, 1988). Avec les années 1980 et 1990, la stratégie s'est banalisée, le concept a été galvaudé. Qui doit en faire ? Que doit faire une direction générale aujourd'hui, face au modèle Sloan de gouvernement, notamment ? La planification est-elle dépassée, avec sa bureaucratie budgétaire que certains dénoncent ? D'autant que cette bureaucratie semble être l'occasion pour certains de créer des réserves de ressources *(slack)* non souhaitables.

1. **Qui doit faire de la stratégie ?** – Il revient aux managers de décliner et de mettre en œuvre la stratégie grâce à l'appui du contrôle de gestion. La démarche consiste à identifier les facteurs clés dont dépend la réussite de la stratégie, à les traduire en actions concrètes et à rattacher ces actions aux centres de responsabilité dont missions et indicateurs de performance deviennent ainsi clairs.

Ce modèle de la mission clé du contrôle de gestion tend à être compris comme l'institution d'un flux du contrôle descendant pour traduire les stratégies en objectifs, puis ascendant quand il assure le suivi des résultats. Ce n'est pourtant là qu'un scénario parmi d'autres. Ce n'était même pas celui de GM sous Sloan. On sait aujourd'hui que ce dernier pensait que la stratégie d'une division devait être en partie définie par elle, qui disposait d'une connaissance du terrain que n'avaient pas les dirigeants du siège. À ceux-ci, les « politiques » qui encadraient les choix, aux divisions leurs traductions sous la forme de choix stratégiques et techniques (modèles annuels, distribution, prix de vente). Cela est affirmé par Sloan et Brown dans leurs textes. Récemment, Freeland (1996, 2001) a montré que les Du Pont entendaient réserver aux seuls actionnaires les organes de gouvernement. Jouant habilement, Sloan a obtenu un assouplissement de cette politique à travers la multiplicité des comités qu'il présidait lui-même et qui ont longtemps été considérés comme une manie bureaucratique. Le modèle Sloan-Brown reste à découvrir dans toute sa subtilité.

Comment une grande entreprise doit-elle être dirigée ? Comment la direction générale doit-elle se servir du contrôle de gestion ? Les enquêtes du groupe d'Ashridge, initialement menées par Michael Goold et Andrew Campbell (1987), rejoints par d'autres, décrivent un paysage diversifié. Mettant à part le cas de la holding, siège qui ne gère pas, leur première recherche, plus tard étendue et confirmée, identifie trois styles, distingués par le degré d'implication du centre dans la stratégie des unités et par la nature du contrôle qu'il exerce sur elles. Dans le style que les auteurs nomment *strategic planning,* le centre dispose d'un lourd état-major qui, réunissant toutes les expertises, permet une définition centralisée des stratégies. On y mise sur la synergie et, pour éviter les comportements opportunistes, le centre impose une vision à long terme. Les plans d'action et les budgets demandés par les unités sont des réponses aux plans stratégiques qu'elles doivent mettre en œuvre. Le centre encourage la coopération transversale, et les résultats financiers locaux ne sont pas un facteur de pression forte. Ce style semble bien adapté aux activités apparentées à des investissements lourds ou lorsque la construction d'une position concurrentielle durable est possible. Il serait peu propice en revanche à la réactivité dans un environnement turbulent. L'autre style extrême est nommé *financial control*. Il s'observe dans des groupes diversifiés qui délèguent aux entités autonomes la préparation de leur stratégie sous contrainte de rentabilité et d'autofinancement des investissements. La synergie n'est pas à l'ordre du jour, les outils du contrôle de gestion doivent donc permettre de mesurer la contribution de chacun à la performance financière. Le siège, léger, regroupe des financiers et des juristes qui approuvent les stratégies rentables. Ici, les plans, s'ils existent, ne remontent pas, les budgets venant des entités portent toute la logique stratégique. Les budgets d'investissement sont scrutés, leur rentabilité et leur période de récupération examinées. Le suivi est très financier. Un objectif doit être atteint. La responsabilité individuelle est jugée à court terme et sans appel. Selon Goold et Campbell, un tel style peut s'appliquer à des « vaches à lait », là où les positions concurrentielles sont figées, le secteur mûr, le leadership assuré. Mais aussi dans les cas où la rigueur financière doit l'emporter sur le reste.

Le cas intermédiaire est dit *strategic control*. Les unités proposent des stratégies à l'approbation du centre qui les cadre préalablement par des politiques. Son souci est de vérifier la qualité de la démarche stratégique et le respect du long terme sans pour autant perdre de vue la performance financière. Il est aussi d'encourager la synergie. On est donc en présence d'entreprises diversifiées dans des métiers à facteurs clés de succès voisins, voire présentes dans un seul métier où elles déclinent leurs compétences, et le centre est à même de bien connaître ces facteurs clés. Le suivi est équilibré, entre indicateurs stratégiques et financiers. Les objectifs doivent être atteints sauf cas exceptionnel. Ce style intermédiaire semble bien avoir été celui que Sloan, parfois malgré l'actionnaire, recherchait. Mais l'équilibre est fragile, il repose sur la capacité de quelques sages à le maintenir ; GM l'a montré à ses dépens après Sloan.

Une très grande part de la mise en œuvre d'une stratégie ne dépend pas des dirigeants eux-mêmes, mais des nombreuses parties prenantes internes et externes dont les actions déterminent le succès des manœuvres décidées. Dans un environnement de mutations continues, les décisions stratégiques n'appartiennent plus à la seule direction générale. Il faut assurer que les acteurs identifient les facteurs clés de succès et de risque qu'ils gèrent. Cela conduit à revoir les mécanismes de gestion des projets pour y intégrer les responsables de l'amont (la conception) et de l'aval (la production, le marketing). La notion de processus prend ici tout son sens. Au fond, de même que « la formalisation d'une organisation n'est jamais que la partie visible de sa régulation effective » (Friedberg, 1993, p. 151), on pourrait dire que, au-delà des grandes manœuvres, la vraie stratégie d'une entreprise dans un domaine donné d'activité, c'est celle qui émane des actions mises en œuvre au quotidien, dont se dégage une cohérence plus ou moins forte, une logique implicite face aux parties prenantes. La question est celle de la cohésion entre cette logique de fait et celle que les dirigeants souhaitent. Certains ont montré que les dirigeants à la Sloan, rationnels et planificateurs, omniprésents et à l'écoute, sont rares, de sorte que la stratégie est plutôt émergente, rationalisée peu à peu, de manière itérative, voire *a posteriori*, compte tenu des réalités. Un accord semble se faire sur l'idée d'une dynamique qui associerait la stratégie telle que les dirigeants entendent la faire appliquer et des comportements autonomes, résultant des interprétations ou des volontés d'autres acteurs ; ces comportements peuvent être combattus par la hiérarchie ou, au contraire, périodiquement restructurés, réinsérés dans une stratégie en permanent ajustement (Burgelman et Sayles, 1987).

Cette dynamique de la stratégie impose aux systèmes de gestion la résolution d'un paradoxe : transmettre la stratégie décidée en haut, mais y faire aussi remonter la réalité du terrain pour affiner ou faire évoluer les intentions et les messages des dirigeants. Le contrôle de gestion n'est pas seul chargé de résoudre le paradoxe, mais il joue aujourd'hui un rôle crucial d'obstacle ou de relais. Les manuels ont peut-être trop promu le style *strategic planning* alors que les praticiens des grandes entreprises se sont fourvoyés dans l'autre style extrême. *Top-down ? Bottom-up ?* Il n'y a pas de bonne pratique. Le constat vaut largement pour les budgets (Berland, 2002), contrairement à ce que suggère Anthony, pour qui le processus doit être ascendant.

2. **Faut-il encore faire des budgets ?** – Les budgets, qu'on croyait incontournables, sont mis en accusation. Il est vrai que leur rôle central a conduit à les surcharger de sens et de missions, les condamnant à être une cible.

Pour Anthony, par exemple, les budgets ont cinq fonctions : « 1/ motiver les managers à faire des plans ; 2/ les informer de ce qui est attendu d'eux ; 3/ obtenir leur implication ; 4/ coordonner les différentes activités de l'organisation ; 5/ fournir une norme pour juger la réalisation » (1988, p. 87). Des fonctions ambiguës (la première est sans doute celle de socialisation des managers), mais pas toutes nécessaires ni compatibles avec la stratégie du centre, comme le montre l'enquête de Goold et Campbell, et, surtout, en conflit potentiel.

Le budget support de la pression à la performance (3 et 5) est-il compatible avec le budget, outil de gestion prévisionnelle (4), voire de communication financière ? Le point est soulevé depuis longtemps et l'actualité a témoigné comme on le sait. Avant Goold et Campbell, la recherche, souvent inspirée des travaux consacrés aux facteurs d'implication et de satisfaction au travail, a montré qu'il existait en fait différents styles budgétaires et que ceux-ci remplissaient des rôles plus ou moins contraignants dans l'évaluation des performances (voir Hopwood, 1974).

Le jeu du contrôle budgétaire, comme l'avait nommé Hofstede dans un travail pionnier, peut aussi agacer. On en connaît la règle perverse : demander plus pour avoir moins, consommer tout pour préserver le futur. Un tel système ne peut qu'accroître les coûts. Il récompense les managers pervers. Il constitue une boucle explosive, chacun anticipant toujours plus le jeu de l'autre, demandant encore plus parce qu'il sera donné encore moins. Certains concluent à la nocivité des budgets ; ils plaident pour leur abandon. L'exemple de Toyota, qui fait des budgets un instrument de direction plus que de décentralisation, est un argument invoqué. Robin Fraser et Jeremy Hope plaident pour la fin d'une certaine gestion budgétaire, qui privilégie les budgets fixes constitutifs d'enveloppes financières (Hope et Fraser, 2003). L'accusation est sévère : la pratique budgétaire prendrait 30 % du temps des managers ; 80 % du temps des contrôleurs de gestion s'y engloutirait en tâches mécaniques ; elle représenterait dans les grands groupes de taille mondiale quelque 25 000 hommes-jours de travail par milliard de dollars de chiffre d'affaires ; Ford estimerait le coût de son système à 1,2 milliard de dollars par an. Dans 60 % des cas, il faut trois itérations avant d'aboutir au budget final, selon une enquête d'Andersen fin 2001, et les outils spécifiques permettant la traçabilité des variantes sont peu présents. Le niveau de détail demandé dépasse souvent les besoins réels. Certains chiffres sont utilisés pour en contrôler d'autres. Pire encore : alors que les deux tiers des entreprises déclarent élaborer un plan stratégique, la stratégie n'est déclinée dans les budgets que dans 43 % des cas. On cite, à l'inverse, les cas de Volvo, pour ses budgets glissants *(rolling forecast)* ; une banque suédoise, Rhodia. Dans certains cas, le remède consiste à revenir aux sources en plaçant le plan d'action avant le budget.

Intention louable, mais il est peut-être plus instructif de se demander pourquoi ce modèle, qui fait partie de toutes les préconisations classiques, n'a pas été appliqué par les entreprises, ou pourquoi il a dérivé vers une négociation financière du *slack,* différence entre « le coût budgété et le coût le plus bas nécessaire pour réaliser l'objectif » (Anthony, 1988, p. 90). Cet excédent peut s'interpréter comme le prix payé pour la décentralisation, pour l'émergence de managers, dans un univers qui n'aime pas la surprise. GM, à l'origine, ne cherchait pas à réduire ses coûts par les budgets, mais à construire une certaine prévisibilité et obtenir l'engagement de managers sur des résultats futurs. Ce jeu, qui les conduit à courir un risque, appelle une prime de risque : le *slack.* La question n'est pas tant de le supprimer – d'ailleurs, l'asymétrie d'information, essence de la situation managériale, interdit de l'identifier précisément – que de le distribuer raisonnablement, car la prime *slack* est prise au détriment des autres parties prenantes. Le budget peut se concevoir comme le processus de négociation de tels équilibres, et non comme un instrument d'optimisation, voire de réduction des coûts – d'autres outils ont été imaginés à cette fin. On peut réduire ou renégocier les primes de risques. Il est difficile d'imaginer les faire disparaître. Un autre paradigme serait à inventer.

II. – L'instrumentation de gestion et les limites du langage financier

Dans le modèle de référence, la rationalité des managers est guidée par des critères de décision et des modèles de représentation économique. Le ROI *(return on investment),* ou taux de rentabilité des actifs, ou encore taux de rentabilité économique, dit aussi ROCE, fournit un message simple, aujourd'hui à la fois à l'honneur et contesté. Le rattachement du contrôle de gestion à la stratégie montre bien les limites de l'instrumentation financière. Plus que jamais, le besoin se fait sentir de modèles prédictifs, ce que la comptabilité de gestion avait cessé d'être. Elle l'a payé par une crise et un renouveau qui n'est peut-être qu'un retour aux sources.

1. **Le ROI : avantages et inconvénients.** – Dans ces deux entreprises à lourds capitaux investis que sont GM et Du Pont, où les impératifs de rentabilité sont pressants, un même concept financier a été dominant : le ROI. Il s'agit d'un ratio qui rapporte le *résultat avant frais financiers,* souvent approximé par le bénéfice d'exploitation REX (mais de multiples variantes existent), au total des actifs A (ratio REX/*A*), donc au total des capitaux propres et des dettes, les capitaux employés à rémunérer. Le ROI doit dépasser leur coût. La théorie financière considère qu'un actionnaire attend une rémunération liée au risque qu'il encourt, l'entreprise n'est donc performante que dans la mesure où les bénéfices permettent de rémunérer les actionnaires au niveau souhaité. Si l'on

suppose que ceux-ci demandent une rémunération k (%) de leur investissement, les capitaux propres (CP), et que la dette est rémunérée au taux d'intérêt i %, le total des capitaux investis, ou l'actif (A), doit être rémunéré au taux moyen pondéré de K %, soit :

$$K = k \cdot \frac{CP}{A} + i \cdot \frac{D}{A}$$

ce qui donne la référence du ROI à atteindre. Ses variantes sont nombreuses : on peut déduire ou non les dettes fournisseurs des actifs, prendre en compte ou non les amortissements. Initialement, Du Pont de Nemours calculait le ROI amortissements déduits au numérateur et au dénominateur. Quand ce ratio servit, comme chez GM, après 1920, à décentraliser les responsabilités, il fut calculé avant amortissements. Le ROI fut proposé en 1912 (ou 1915, selon les auteurs, Brown écrit 1914) chez Du Pont de Nemours par Donaldson Brown, dans sa « pyramide du ROI ». Elle est fondée sur l'équation simple $R = T \times P$, où T est le « turnover », la rotation de l'investissement (chiffre d'affaires/actif) et P est le taux de profitabilité (bénéfice/chiffre d'affaires). S'il existe divers exemples d'utilisation du ROI au moins dès le début du XIXe siècle, pour l'examen de la rentabilité des investissements (notamment Saint-Gobain), l'innovation de Brown est cependant réelle ; elle porte sur la modélisation. La gestion du ROI renvoie à deux dimensions fondamentales : celle des marges sur ventes, celle des rotations, donc à la valeur à investir en matériels, stocks, crédit aux clients, trésorerie, par unité vendue. Alfred D. Chandler, qui fait quasiment du ROI le signe de la naissance du contrôle de gestion, a remarqué que ce ratio juxtapose deux critères que les entreprises avaient jusque-là employés alternativement : la marge, critère des industriels ; la vitesse d'écoulement de l'argent investi, critère des distributeurs. On peut ainsi lire, chez Zola : « Le commerce de ces grands magasins est basé sur le renouvellement rapide du capital. Ainsi, si l'on a 1 million de capital, il s'agit de le faire revenir trois et quatre fois en marchandises pendant une année, c'est-à-dire d'établir un roulement de marchandises assez grand pour que le capital, représenté par elles passe trois et quatre fois dans le magasin » (Émile Zola, notes de 1881 sur « Le Bon Marché », in *Carnets d'enquêtes,* Paris, Plon, 1986, p. 152). Au Louvre, Zola note que, « au rayon de mode, le capital est renouvelé 54 fois (?). À la soie, 4 fois » (*ibid.,* p. 177). Le ROI combine l'efficience dans l'usage de l'outil de production avec celle de la coordination des flux. Sloan, qui atteignit durablement un ROI de 20 % à 30 % sur l'hypothèse d'une activité de 80 % des capacités, dénommera le ROI « mètre-étalon *(yardstick)* de la performance ».

Le rôle du ROI est très important dans le modèle de gouvernement d'entreprise créé par Sloan. Il a profondément transformé le management pour faire de l'entreprise ce que certains ont appelé un marché interne des capitaux : les directions financent les projets qui passent la barre du ROI. Cela est inscrit dans la formule classique dite de l'effet de levier, qui montre que la rentabilité des capitaux propres (B/CP) est la somme du ROI et de l'« effet de levier » provoqué par l'écart entre le ROI et le coût au taux i de l'emprunt, écart qu'amplifie le ratio d'endettement dettes/capitaux propres (D/CP) :

$$\frac{B}{CP} = ROI + (ROI - i) \cdot \frac{D}{CP}$$

en prenant ROI = $(B + iD)/A$. Dans ce modèle de gouvernement, la direction générale collecte les ressources (D et CP) et les alloue aux projets compatibles avec la stratégie et dont le ROI est, lui, compatible avec la politique financière et la rentabilité finale visées. On représente cette situation en figure 8.

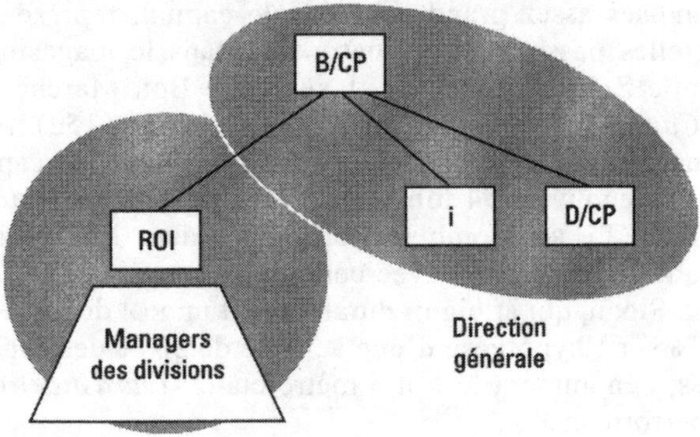

Fig. 8

Le ROI est aussi un des principaux accusés parmi les facteurs supposés de dérives du contrôle de gestion. Dès les années 1960, fut instruit le procès du ROI comme seul critère de gestion annuelle locale : il conduisait à négliger le long terme, à sous-investir, ou à n'investir que dans des projets de productivité immédiate, à maximiser la rentabilité plutôt que de la considérer comme une contrainte ou (c'était l'idée de Brown) comme un critère à maximiser en moyenne période une fois tous les efforts faits pour accroître la part de marché. Au début des années 1980, le ROI, accusé d'être un facteur de réduction des budgets de recherche, fut présenté comme la cause fondamentale de la perte de compétitivité des États-Unis (Hayes et Abernathy, 1980). L'outil avait produit les effets pervers qu'il portait dès sa conception, mais dont ses inventeurs, eux, étaient conscients.

Dans les années 1950, General Electric (GE) avait misé sur un critère concurrent du ROI, le *bénéfice résiduel* (BR). Au lieu d'un ratio, il s'agissait de la différence entre les ventes, les charges d'exploitation et un coût financier des actifs sous la forme d'un taux d'intérêt interne qui leur était appliqué. Sur le fond, cette mesure propose le même message que le ROI (dégager une marge couvrant le coût des capitaux employés). L'économiste Alfred Marshall semble en être l'initiateur (*« Principles of Economics »*, 1890).

Le principe avait été énoncé par Brown dans un texte célèbre de 1924 : baisser le prix pour augmenter le volume vendu jusqu'au point où le profit supplémentaire ne rémunère plus le coût du capital supplémentaire. Mais il est resté ignoré de bien des managers jusqu'aux années 1990, l'époque de l'impératif retrouvé de création de valeur actionnariale. Un tel critère pose les bases d'une modélisation complexe. Il suppose en effet de découvrir les liens entre le coût des capitaux et la part de marché, le volume vendu et le coût unitaire, autant de points délicats dans un marché en pleine émergence, mais aussi turbulent que put l'être celui que les pionniers de l'automobile ont connu. Le BR traduit ce message, mais élimine certains des inconvénients du ROI. La tentation n'existe plus de maximiser un ratio, ici les ventes sont développées aussi longtemps qu'elles accroissent les marges sous la contrainte de rémunération des capitaux. Après une période de succès mitigé, cette mesure a été abandonnée par GE. Les années 1990 l'ont vue réapparaître sous le nom d'EVA *(Economic Value Added®)*, qui connaît aussi ses variantes.

On sait ce que cette vague a déclenché, le risque semblant parfois oublié devant la rentabilité. La lucidité des entreprises au management innovateur que furent Du Pont, GM, GE explique sans doute la modération des craintes que leur inspira le ROI. D'autres oublièrent la stratégie derrière la logique des indicateurs financiers ; ils furent encouragés aussi par la tendance à modéliser, à uniformiser les indicateurs, dès une époque (les années 1960) où la mode de la diversification aurait dû engendrer au contraire la diversité des contrôles. La prise de pouvoir des financiers n'y est peut-être pas pour rien. Ni le fait que le contrôle de gestion soit né dans des entreprises dépendantes des marchés financiers et évidemment portées à surveiller les indicateurs qui leur étaient essentiels. Faut-il considérer que le procès du ROI est celui de l'inefficience de tels marchés sur le long terme, amplifiée par les dirigeants eux-mêmes ? Que penser alors de la défense de l'organisation divisionnelle présentée par l'économiste Oliver Williamson, qui y voit un marché interne d'allocation des capitaux plus efficient que le marché classique, assurant notamment le financement de projets que celui-ci jugerait trop risqués ?

2. **Le modèle économique pilote les indicateurs financiers.** – D'un côté, plus que jamais, la logique financière pèse sur le contrôle de gestion, à travers son rôle dans le gouvernement d'entreprise. L'information financière, dans le contexte de la loi Sarbanes-Oxley aux États-Unis ou de la loi de sécurité financière en France, étant perçue comme le fruit d'une logique unique, informations interne et externe doivent s'ajuster. D'un autre

côté, on sait que les indicateurs financiers mesurent des processus achevés et sont assez peu prédictifs pour piloter. Des enquêtes européennes ont même montré que l'un des regrets des directeurs financiers était de manquer d'indicateurs non financiers.

Quand on observe les grands modèles d'analyse stratégique, on s'aperçoit d'ailleurs que chacun d'eux appelle les indicateurs physiques à jouer un rôle important. À titre de premier exemple, le modèle historique du Boston Consulting Group, qui reposait sur l'hypothèse d'un abaissement des coûts dû au volume (expérience cumulée), distinguait quatre cas de positionnement stratégique : les activités « stars » (le leader dans un secteur en forte croissance), les « dilemmes » (les suiveurs, incertains de leur rentabilité), les « vaches à lait » (le leader dans un secteur à faible croissance) et les « poids morts » (les suiveurs dans ce type de secteur). Le contrôle de gestion des dilemmes est celui d'un projet, la mission consistant à gagner des parts de marché et à abaisser, partant, les coûts. La rentabilité est différée, les indicateurs financiers sont peu pertinents. Ils sont indiqués pour les stars, mais le danger guette, la croissance stimulant la concurrence, d'où le besoin d'autres éclairages. Ce n'est que pour les « vaches à lait » que le ROI reprend tous ses droits.

Les travaux du professeur de Harvard Michaël Porter, de leur côté, ont eu une forte influence sur le contrôle de gestion, car ils ont jeté un pont, grâce aux thèmes de la chaîne de valeur (processus de création de la valeur pour le client) et des activités, entre la stratégie et le contrôle de gestion. Le pont a été occupé par l'approche ABC (voir ci-dessous) et par la construction de cartes stratégiques à la façon de Norton et Kaplan (fig. 9 voir page suivante). De tels outils montrent les liens entre la

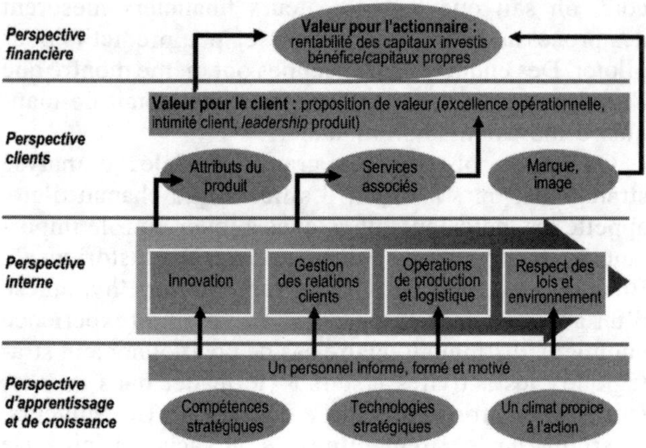

Source : d'après Kaplan et Norton, 2001.

Fig. 9

stratégie, les apports de chacun et la performance, ici financière. On peut en étendre la démarche à travers la notion de « modèle économique » (ou *business model*) qui s'applique à toutes les organisations, entreprises ou non.

Comme on l'a vu, le modèle économique cristallise la stratégie et la relie à la performance financière. Il en existe un dans chacun des domaines d'activité de l'entreprise. Il répond à trois questions simples : quels besoins veut-on satisfaire et avec quelle offre ? Quels processus faut-il maîtriser pour cela ? À quelles ressources critiques faut-il pouvoir accéder ? Les facteurs clés de succès et de risque sont logés dans une ou plusieurs des trois composantes du volet stratégique. Les sources de la performance financière sont dans le volet stratégique.

Porter (1980, 1985) montre que la stratégie, qui consiste pour lui dans les choix qui permettront à l'entreprise d'être durablement rentable, peut viser à obtenir un avantage soit grâce à des *coûts* plus faibles que ceux des concurrents pour un produit analogue, soit en *différenciant* son offre.

Une stratégie de domination par les coûts exige d'identifier, parmi les processus (conception, logistique, achats, production, distribution…) nécessaires à l'offre de l'entreprise, ceux qui donnent un avantage durable de coûts. Dans une stratégie de différenciation, il faut reconnaître les activités qui permettront d'offrir un produit durablement différent de ceux des concurrents, que les clients accepteront peut-être de payer plus cher en raison de ses performances (par exemple, parce qu'il est économique à l'usage). Les activités et processus, unité de base du raisonnement ainsi conçu, forment ce que Porter appelle une *chaîne de valeur*. Cette démarche établit un pont avec le contrôle de gestion. Il s'agit (fig. 10 voir page suivante) :

- d'identifier les facteurs clés (FCS) ;
- de traduire ces FCS en actions concrètes ;
- de relier ces actions à un horizon temporel, car certaines relèvent d'une réorganisation ou d'investissements, alors que d'autres peuvent être mises en œuvre rapidement ;
- de relier les actions à des responsabilités, ce qui définit les missions stratégiques des centres de responsabilité (et des partenaires extérieurs), et fait donc ressortir les domaines dans lesquels la performance doit être mesurée et les indicateurs que le système d'information de gestion, notamment les tableaux de bord, doit traiter.

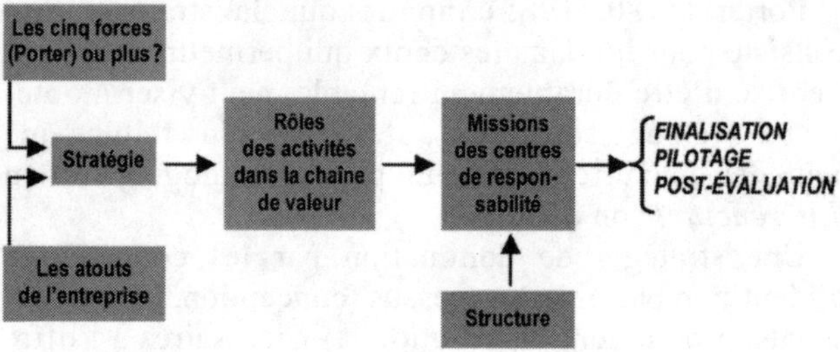

Fig. 10

Le même raisonnement s'applique aux facteurs clés de risque (FCR) liés à cette stratégie.

Supposons, par exemple, qu'un FCS soit la maîtrise des coûts de transport. Il doit se décliner en actions concrètes en distinguant, à titre schématique, l'horizon du moyen terme, celui du budget, et le fonctionnement quotidien. Il reste à préciser les rôles des divers centres de responsabilité dans la mise en œuvre de ces actions.

3. **La crise de la comptabilité de gestion et son renouveau.** – On sait que le contrôle exige des modèles prédictifs pour relier les actions et les résultats à en attendre. La comptabilité de gestion offre l'exemple même de tels modèles, puisqu'elle trace le lien entre les consommations et les résultats obtenus en contrepartie. Ainsi, le *coût de revient* rattache les consommations à l'obtention d'un produit. Mais les besoins sont souvent plus complexes : une stratégie qui porte sur la qualité des services associés à un produit oblige à identifier les ressources consommées par ceux-ci. Combien coûte le fait d'être capable de proposer des options aux clients, ou tel délai de livraison, ou encore d'intervenir sur site sous deux

heures en cas d'incident ? Le coût de revient du produit ne suffit plus, il faut comprendre les incidences de l'offre globale, identifier les leviers de maîtrise des coûts. À la différence de la comptabilité financière, la comptabilité de gestion doit chiffrer le modèle économique de l'entreprise, s'adapter à sa stratégie, à son offre.

Les comptabilités rituelles qui se débarrassaient des coûts indirects en les imputant au prorata de la main-d'œuvre ou de toute clé de répartition commode à utiliser ne sont plus tolérables. Il faut revenir à une description causale des flux et la modéliser rigoureusement. Une notion s'est imposée, et bien au-delà de la comptabilité de gestion : le processus. Accorder un crédit, traiter un dossier, répondre à un appel d'offres sont des processus. Empruntée aux qualiticiens, héritage de l'approche systémique, l'analyse des processus décrit le fonctionnement à modéliser, identifie les leviers d'action sur les coûts et la performance recherchée et les interactions entre les étapes du processus. La méthode ABC *(activity-based costing)* découpe ainsi les processus en activités élémentaires, elle identifie leurs coûts et les impute au cas par cas aux objets du calcul, produits ou attributs de produits, par exemple. Exemples d'activités : traiter une demande de raccordement (télécoms), caler une presse (imprimerie), transporter un lot vers le magasin de stockage, inspecter un lot terminé, mettre à jour une base de données. Imputer le coût d'une activité à différents destinataires, produits, clients ou autres, suppose de disposer d'une *clé de répartition* fidèle à la loi économique des coûts répartis. Ainsi, le coût d'un laboratoire d'analyse médicale peut être réparti entre les analyses effectuées au prorata du nombre d'analyses, si l'on admet que chacune d'elles demande le même temps de travail et les mêmes consommations annexes de matériels et de fournitures (cela sera vrai ou faux selon l'organisation). La règle à appliquer est simple, c'est la loi d'*homogénéité des coûts*. Les coûts traités (ceux du laboratoire) sont composites : salaires, consommations, loyers, etc. Ils sont homogènes par rapport à une clé de répartition si le coût unitaire de celle-ci est constant parce que l'activité procède de tâches stables. Les coûts élémentaires ne forment un tout homogène que s'ils sont en proportion stable entre eux quel que soit l'événement qui déclenche la clé de répartition. Cette règle concrète permet de savoir si l'activité identifiée peut donner lieu à répartition de ses coûts ou, au contraire, s'il convient de la scinder en éléments plus limités sur lesquels l'homogénéité des coûts sera retrouvée (par exemple : analyses classées par catégories). On voit que, faute de disposer d'un *périmètre* de coûts élémentaires homogènes, la répartition des coûts devient impossible parce que, souvent, trop coûteuse en raison des précautions qu'elle exige. La méthode ABC va plus loin : elle invite à identifier pour chacune des activités son inducteur et l'inducteur de ses coûts. L'*inducteur d'activité* est l'événement qui la déclenche, c'est donc un levier d'action sur elle et les ressources qu'elle consomme. Il peut parfois servir de clé de répartition. L'*inducteur des coûts* d'une activité est la loi économique qui les affecte : saisonnalité, effet d'échelle, par exemple. Ainsi, le coût d'entretien d'une voiture dans un garage répond à un inducteur d'activité : le kilométrage. L'inducteur du coût est la qualification des mécaniciens, l'équipement du garage, sinon la conception du véhicule.

La comptabilité n'est pas toute la modélisation. Il ne suffit pas de disposer de modèles plus complets des flux internes. Il faut aussi comprendre les conséquences *futures* des décisions à prendre, dont les coûts sont différés, ou saisir quels impacts elles ont sur les autres parties prenantes, *hors* de l'entreprise. La modélisation économique peut s'appuyer sur la comptabilité, elle n'est plus la comptabilité. Les exemples sont multiples. Les coûts cibles *(target costing)* entrent dans une logique de développement de projets, où il s'agit d'anticiper le coût futur d'un nouvel objet. La marge finale dépend de cette maîtrise, tout dérapage la supprimerait. L'industrie automobile japonaise est connue pour avoir fait de cette expertise des coûts un atout concurrentiel majeur. Les partenariats conduisent les entreprises à confier à l'extérieur des parties entières de leurs processus clés ; il convient donc d'en maîtriser les coûts, même s'ils sont constatés hors du périmètre juridique.

Dans le même temps, les normes comptables externes comme les IAS-IFRS bouleversent le paysage. Le *reporting* financier interne est poussé à s'aligner sur le *reporting* externe, l'indépendance de la comptabilité de gestion devenant plus symbolique. D'un autre côté, de nouveaux lieux de valeur apparaissent ou sont enfin reconnus, comme l'immatériel. Le contrôle de gestion doit s'en emparer et, sans doute, revoir ses priorités. Qui s'est, jusqu'ici, avisé de créer un véritable contrôle de gestion de la valeur des marques, devenues pourtant un actif majeur pour beaucoup d'entreprises ? Une marque, selon les IAS, vaut ce que vaut la valeur actuelle des flux de trésorerie apportés par l'avantage économique qu'elle permet de détenir. Voilà un chantier majeur pour le contrôle de gestion, qui ne s'en aperçoit pas vite.

III. – Le jugement de la performance

La clé de l'édifice est ici : tout le processus de contrôle de gestion repose sur la postévaluation, le quitus donné au manager pour un contrat rempli. Quel « contrat » ? Un manager pilote un centre de responsabilité et il est jugé sur la base des résultats de cette entité. Souvent, sa rémunération leur est liée, mais on laissera cette modalité d'incitation (au mercenariat) provisoirement de côté. Cela soulève deux questions : la pertinence des indicateurs de résultat et le contenu de la notion de responsabilité.

1. **La pertinence des indicateurs de résultat** – Le contrôle de gestion est partie prenante d'une gouvernance qui assigne des objectifs aux managers, leur confie des ressources pour les atteindre et leur délègue le pilotage sous la réserve du respect de certaines politiques. Ce mode de gouvernance part de trois hypothèses (dont il faudra donc vérifier le bien-fondé) qui concernent les managers et/ou leur hiérarchie : une bonne capacité à anticiper, une connaissance raisonnable des liens entre moyens et résultats (pour identifier les ressources utiles et ajuster les actions correctives), une confiance donnée au manager. Confiance en sa capacité de piloter, donc de mobiliser, de s'adapter à l'imprévu (le prévu est dans les plans), et en sa volonté de respecter les politiques assignées (si son comportement n'est pas directement observable). S'y ajoute plus largement la confiance dans la loyauté du manager si l'asymétrie d'information lui est favorable. Toutes ces hypothèses doivent être testées, elles ont une importance variable avec les modalités du processus de fixation des objectifs, les rôles des acteurs concernés et la place du contrôle de gestion. Analysons l'architecture de ce système de gouvernance.

Il fait du pilotage une boîte noire : c'est sur lui que porte la délégation d'autorité. Le manager n'a pas à justifier toutes ses actions et comportements. Il apporte ses compétences au service d'une mission, et il reçoit des moyens et la confiance de la hiérarchie. Un tel « contrat » légitime inéluctablement le principe d'un jugement sur les résultats. C'est un premier point fondamental. Le manager est en premier lieu comptable de résultats – de quoi d'autre pourrait-il être redevable, puisque ses obligations de moyen (de compétence) sont *a priori* supposées satisfaites de par la délégation qu'il a reçue au service d'un objectif ? Si elles sont à vérifier, c'est donc par exception. Un second principe de base tient au fait que les résultats, avant de donner éventuellement lieu à analyse détaillée et mise en perspective, sont évalués par comparaison avec la situation attendue, les objectifs. *A priori,* leur non-respect est un échec. Avant de se demander si cette situation est saine, il faut s'interroger sur les buts qu'elle sert.

Elle est une pression à la performance, au « toujours mieux », car être performant, c'est être meilleur que les autres. Dans le cas des grandes entreprises, le but immédiat est plus précis : pousser les managers à réaliser ce qui a été annoncé parce que l'échec est un signal de « manque de contrôle », donc de mauvaise maîtrise des risques. Dans l'univers de la finance, cela se traduit potentiellement par une perte de valeur de l'entreprise. Dirigeants et managers doivent convaincre de leurs capacités à anticiper et à s'adapter, et les prouver en atteignant les objectifs.

L'atteinte des objectifs apporte-t-elle la preuve des capacités créditées au manager (anticipation, adaptation, loyauté), leur non-atteinte apporte-t-elle la preuve inverse ? Ce constat ne suffit pas. Anthony, d'ailleurs, a soulevé une question aussi embarrassante que fondamentale. Si la planification fait partie du processus de contrôle, le plan n'est pas la référence intangible pour évaluer les performances des managers ; les pousser à s'y conformer est un piège selon lui *(conformance fallacy)* : « Les dirigeants *[top management]* attendent des managers intermédiaires *[middle management]* qu'ils réagissent aux événements réels, pas à ceux qui se seraient produits si le monde réel avait eu l'amabilité de se conformer aux hypothèses des plans. Par conséquent, les dirigeants n'attendent pas nécessairement que les opérations soient conformes aux plans » (1965, p. 29). Au-delà des plans, la politique devient elle-même une référence fragile. C'est, conclut Anthony, pourquoi il faut attacher le contrôle de gestion aux notions d'efficience et d'efficacité, et non de conformité aux plans. Cela revient à dire qu'il faut analyser le résultat et le mettre en perspective, sans se contenter d'en vérifier la conformité. Un objectif atteint dans un contexte difficile traduit peut-être la capacité du manager à obtenir des matelas budgétaires (*slack* budgétaire) ; dans un contexte plus facile que prévu, l'atteinte de l'objectif initial ne suffira pas ; dans le contexte prévu, d'ailleurs, le respect des objectifs peut cacher aussi du *slack*. En revanche, si l'objectif n'est pas atteint en période difficile, l'échec ne signale pas en soi l'incompétence du manager. Les crises des années 2000-2010 ont montré les illusions entretenues sur le mythe des indicateurs, surtout lorsque ceux-ci déclenchent des bonus qui oblitèrent tout.

Le jugement des managers sur leurs résultats ne traduit donc pas complètement leur capacité à anticiper et à piloter face à l'imprévu, pas plus que leur loyauté si le contrôle interne est incohérent. On n'échappe ni à l'analyse, ni à la nécessaire pluralité des indicateurs, ni aux frontières complémentaires imposées par le « contrôle interne » en général, car les pièges ne manquent pas : les indicateurs de résultat sont-ils manipulables par le manager ? Sont-ils une image pertinente de sa mission ? Que laissent-ils dans l'ombre ? Des arbitrages entre ce qui est mesuré et ce qui ne l'est pas sont-ils possibles ? Toutes les conséquences d'une décision sont-elles identifiables à l'horizon observé ? Mais il est difficile à la fois de déléguer des pouvoirs de décision, de priver le manager de tout moyen d'agir artificiellement sur son « score », et en même temps d'en complexifier le calcul. Mythifier les indicateurs, prôner le management (des managers) par les chiffres, c'est, comme Geneen, président d'ITT, s'obliger à étudier *tous* les chiffres des entités supervisées, en construisant un système de contrôle de gestion omniprésent, sinon omnipotent. Du reste, faire référence au modèle économique *(business model)*, c'est forcément s'intéresser aux capacités des managers à construire une proposition de valeur, à optimiser des processus et à pérenniser des ressources et des compétences. On est au-delà de la mesure du résultat dans les domaines de l'efficience et de l'efficacité. Toutefois, si la multiplication des indicateurs de résultats rend une image plus fidèle, elle la brouille aussi, en noyant l'essentiel. Bien plus : une telle pratique revient à dénier la réalité de la décentralisation, à exiger un compte-rendu précis de pilotage par un manager bridé par les règles.

La délégation est donc bien inséparable d'un poids important donné au jugement par les résultats. Les témoignages des dirigeants sont unanimes ; l'autorité se délègue, pas la responsabilité qui l'accompagne. Dans un ouvrage classique, J. D. Mooney et A. C. Reiley (1939, p. 17) écrivent : « La délégation signifie la dévolution d'une autorité par une autorité supérieure. Dans son essence, elle implique une double responsabilité. Celui à qui l'autorité est déléguée devient responsable de l'exécution du travail *(doing the job)* devant son supérieur, mais ce dernier reste responsable du résultat de sa délégation *(getting the job done).* » C'est la délégation d'autorité qui fonde la notion de responsabilité « qui n'a pas d'autre fondement logique ». Cette délégation repose elle-même sur la confiance : la conviction que son bénéficiaire comprendra le processus à entreprendre pour mener à bien la mission déléguée, qu'il saura agir quand il le faudra, organiser la coordination nécessaire entre les acteurs qu'il dirige lui-même (*ibid.*, p. 18). On délègue parce que l'on fait confiance au sens de la responsabilité du délégataire ; et lui est responsable parce qu'il a accepté cette confiance. En jugeant l'autre, celui qu'on a choisi, on se juge soi-même. Mooney était un ancien dirigeant de GM et Sloan pouvait souscrire à de tels propos. On retrouvera plus tard ces idées chez Ralf Cordiner, le président de General Electric (GE) : « La responsabilité est indissociable de la dévolution de toute l'autorité nécessaire pour obtenir les résultats attendus *(getting the work done).* La responsabilité totale est elle-même indissociable du fait d'être redevable des résultats *(accountability for results)* » (1956, p. 48).

Si la délégation appelle un jugement sur les résultats, est-elle condamnée à s'accompagner des effets indésirables qui lui sont liés ? On voit bien qu'une question de fond ne peut pas être éludée : c'est la question de la responsabilité des managers. L'évaluation de la performance d'un manager ne peut manquer d'être une évaluation de l'exercice de l'autorité, donc de la responsabilité qui en découle.

2. **Contrôlabilité, *accountability*, responsabilité : risque et résultat.** – De quoi finalement un manager encadré par le contrôle est-il responsable ? Parmi les

idées reçues du contrôle de gestion, figure la notion de « contrôlabilité ». Elle repose sur l'idée que, puisqu'un manager n'est que partiellement autonome, il est équitable de le juger en neutralisant les éléments qu'il ne peut pas influencer (« contrôler »). Séduisante à première vue, cette idée est contraire à celle d'un jugement sur les résultats et à l'exercice de la responsabilité managériale ; elle sous-entend que le manager n'aurait qu'une obligation de moyens, ou celle d'un résultat expurgé de risques. Or, on sait qu'il revient aux managers, certes de développer des capacités d'anticipation, mais aussi de faire face à l'imprévu, c'est même une caractéristique de leur position. D'ailleurs, la théorie de l'agence juge non optimale l'idée de dédouaner les managers de tout risque, en ne les rendant responsables que de ce qu'ils peuvent contrôler. La pratique budgétaire montre de son côté que les entreprises préfèrent payer des primes de risque sous forme de *slack* aux managers que de les protéger. D'ailleurs, l'idée même de contrôlabilité semble difficile à appliquer. Si on savait situer les leviers de contrôle et les modéliser, il n'y aurait plus de managers, mais des exécutants. La littérature managériale est claire sur ce point. Pour Cordiner, par exemple, la responsabilité d'un manager est sanctionnée par son *résultat,* non parce qu'il en maîtrise tous les *déterminants,* comme le considère le principe de contrôlabilité, mais, comme évoqué plus haut, parce que la hiérarchie lui a confié toute l'*autorité* sur son entité : « La décentralisation ne fonctionnera correctement que si la responsabilité en rapport avec l'autorité relative à la prise de décision est vraiment acceptée et exercée à tous les niveaux [...]. Le fait de pouvoir accepter un poste sans réticence parce que le refus n'est pas rédhibitoire est une condition évidemment nécessaire pour qu'un homme puisse être tenu responsable de ses résultats dans des projets risqués » (Cordiner, 1956, p. 59 et 63). Fayol, pour qui la responsabilité s'exprime par une sanction, « récompense ou pénalité », écrivait (1916, p. 22) : « La responsabilité est un corollaire de l'autorité, sa contrepartie nécessaire. [...] À mesure qu'on s'élève dans la hiérarchie des entreprises, que les opérations sont plus complexes, que le nombre des agents participants est plus grand, que le résultat final est plus lointain, il est de plus en plus difficile de dégager la part de l'acte d'autorité initial dans l'effet produit, d'établir le degré de responsabilité du chef. » Il n'est donc pas étonnant que les études de terrain aient toujours constaté que le principe de contrôlabilité n'était pas appliqué par les entreprises. L'architecture des délégations est une architecture de pilotage des risques à tous les niveaux. Qui ne pilote pas de risque n'est pas un manager. Celui qui a fait confiance jugera.

La notion de responsabilité du manager est-elle claire pour autant ? Le contrôle de gestion utilise deux mots : celui d'*accountability,* qui signifie l'obligation de rendre compte (être comptable de), d'expliquer, avec, dans le contexte du gouvernement d'entreprise, une idée de transparence et de traçabilité permettant d'identifier qui a agi ; celui de responsabilité, parfois jugé synonyme, mais en fait sensiblement plus large, touchant à l'idée d'être garant d'un résultat (répondre de), d'avoir une réponse face à l'événement, comportant l'issue d'un jugement, moral ou autre. Dans la littérature managériale, on l'a vu, la responsabilité découle de la confiance de la hiérarchie et non de la maîtrise des résultats. La contrepartie de la délégation dans le cadre des politiques et procédures en vigueur est la responsabilité personnelle de celui qui a l'autorité et décide. Il faut

« rendre compte de l'usage fait de l'autorité déléguée » (Sloan dans Dale, 1965, p. 219). La confiance est donnée *intuitu personae,* il faut donc proscrire la multiplication des « conseillers » et la prise de décision par des comités. Ce modèle personnalisé laisse la hiérarchie, ou un groupe de pairs, libre d'apprécier, derrière les résultats, la performance en manifestant, ou non, une tolérance à l'échec.

L'attitude face à l'imprévu n'est que partiellement guidée par les politiques. Ce système de management suppose que le manager observe la même éthique (au sens des mêmes interdits) que celle des dirigeants face à l'imprévu et que les buts convergent. Il agit comme ils agiraient. L'enjeu est lourd. Certains ont cru mieux l'assurer par les rémunérations fortement liées aux résultats, mais on a vu que c'est plutôt une amplification des biais du système qui s'est produite, logiquement d'ailleurs (la méfiance remplace la confiance, l'égoïsme, l'institution). Ne pas être irresponsable, c'est au fond le message des « centres de responsabilité », le cher et ultime souhait du contrôle de gestion mis en face de ses contradictions. Car, d'un côté, il cloisonne, découpe le temps, casse le rythme de la vraie vie, caricature le réel par des indicateurs plus ou moins fidèles, facilite ainsi les égoïsmes et les jeux sur le court terme, mais en construisant par là même une visibilité de la performance, rendant comptable d'elle et limitant l'engagement à cela. « Être comptable de », c'est aussi n'être comptable que des données chiffrables. D'un autre côté, on compte sur les managers pour savoir ne pas appliquer les règles édictées quand leur mise en œuvre aurait des « effets pervers », irait donc contre le bien de l'entreprise – ce qui suppose que celui-ci, donc les valeurs que les dirigeants entendent y promouvoir, leur conception de l'éthique, les missions de l'entreprise et sa stratégie, leur soit connu. C'est précisément là qu'apparaît l'interstice, la différence entre la mesure de la performance et le jugement sur elle, qui doit pouvoir reconnaître le bien-fondé d'un certain sacrifice d'égoïsme. Le manager responsable, ce serait celui qui saurait enfreindre les règles quand leur effet mécanique se révèle dysfonctionnel. Exercer sa responsabilité, c'est savoir agir dans l'intérêt global en dépit des failles d'un système qui permettrait de faire passer l'intérêt local en premier lieu, c'est refuser de faire supporter aux autres les conséquences de ses comportements. Bref, *être responsable, c'est colmater les brèches d'un système d'organisation qui ne peut pas tout prévoir, pas tout contrôler, pas tout dire et qui n'a pas intérêt à le faire* – qui se construit comme si la cybernétique existait en sachant qu'elle n'est pas souhaitable. C'est refuser de jouer le jeu myope des effets dits pervers, des indicateurs infidèles au réel, mais flatteurs pour soi – même si le système peut mécaniquement y porter. Mesurer la performance dans un tel jeu ? On est loin d'une problématique mécaniste : le contrôle de gestion joue sur le *slack* et le contrôle invisible, l'informel et la valeur des acteurs. Leur éthique. Il y est condamné. La nature même de la situation de management l'oblige à le faire. Contrôler tue le contrôle. Mais charger le manager de faire face à l'imprévisible et de résister aux effets pervers vient en conflit avec l'idée de juger sa performance à la tête d'un centre de responsabilité dont on a confisqué le *slack* et biaisé certaines procédures. Le droit à l'erreur est une forme de *slack*. Son refus peut être un engrenage plus dangereux encore. L'idée majeure apparaît : le contrôle de gestion est un édifice paradoxal qui doit sa performance à une instabilité soigneusement gérée. Peut-être l'idéal de certaines règles réside-t-il dans leur non-application, à l'instar de celles de la bureaucratie.

L'*accountability* serait ainsi la version mécaniste de la responsabilité. Recruter et socialiser de tels managers n'est pas simple, et c'est dans cette perspective qu'il faut, aussi, lire certains processus de contrôle de gestion. Surviennent avec régularité des tentatives de renforcement de la responsabilité, à travers l'éthique, les projets, les valeurs, voire, dernière née, l'idée floue de développement durable encore plus difficile à mettre en œuvre que celle de la création de valeurs actionnariales. On connaît aussi, à travers les travaux de Goold et Campbell, l'alternative : quand une direction veut développer la transversalité et lutter contre l'égoïsme, elle développe des indicateurs partagés, mais, souvent, elle recentralise en se rapprochant de leur modèle *strategic planning*.

Comme les dirigeants ne sont pas omniscients, ils ne croient guère eux-mêmes à la réalisation de tous les plans qu'ils approuvent. Ils doivent trouver un style qui pousse à atteindre les résultats mais ne pousse pas à l'irresponsabilité. À quoi les plans servent-ils alors ? À donner une garantie minimale de résultat aux actionnaires ? On peut ici suggérer qu'*ils servent d'apprentissage au management,* à *socialiser les managers* ; ils sont construits pour montrer quelles sont les décisions à prendre dans un scénario donné, en supposant que, si celui-ci ne se réalise pas, les managers auront compris quelles autres décisions sont les meilleures ou comment les identifier. Herbert Simon a parlé de rationalité procédurale. Mais, si les managers ne participent pas au processus de définition de la stratégie, comment sauront-ils quelle décision prendre ? Un Sloan avait pleinement conscience de cette contradiction et en avait tiré de discrètes conséquences, en animant lui-même des comités à composition subtile, jamais figée.

On est rendu à la question critique : à quoi sert le contrôle de gestion ? Il peut servir plusieurs buts, le plus classique étant, bien entendu, l'aide au management pour l'amélioration de la performance économique. Mais le code est caché dans la terminologie même : gestion ou management ? Contrôle ou *control* ? Faire du contrôle de gestion un outil de déclinaison de la performance économique, voire de surveillance des coûts, ou le construire comme un processus de socialisation des managers, pour identifier ceux qui sont aptes à assumer des responsabilités et à progresser ? Toute la gamme est possible, tout un programme de malentendus peut se développer (figure 11). Pour les chercheurs, tout un ensemble de paradigmes trompeurs et de vaines querelles peut aussi se percevoir.

	Gestion	*Management*
Contrôle	Suivi de l'efficience	Discipliner les managers
Control	Maîtriser la performance économique	Aider les managers à manager

Fig. 11

CONCLUSION

Le contrôle de gestion change et demeure. À la recherche d'un improbable équilibre entre synergie et spécialisation, on a toujours construit autour des processus transverses pour trouver des synergies et autour des lignes hiérarchiques pour spécialiser, déléguer, coordonner. Aujourd'hui, un modèle émerge : la ligne hiérarchique pour gouverner, l'optimisation des processus opératoires pour produire une offre attractive.

C'est là que le contrôle de gestion change, *à la base,* où se joue la compétitivité : on y a abusé du cloisonnement, trop loin décliné le modèle financier Sloan-Brown. Dans un retour au réel, les contrôleurs de gestion doivent dialoguer avec les techniciens, suggérer, dit-on, des voies de progrès. En bref : faire faire du management aux opérateurs. Apprentissage ou néotaylorisme ? Les comptables, qui se sont vite imposés comme *controllers* aux États-Unis, face aux ingénieurs, auront-ils encore longtemps leur place dans un tel monde, où la technique est parfois reine et où l'industrie joue sa compétitivité en supputant des coûts qui n'existent pas, pas encore ? Ingénieurs et comptables : la sociologie des professions dispose d'un champ d'étude toujours riche.

Mais le contrôle de gestion demeure aussi comme modèle économique et financier de *gouvernement d'entreprise* et d'autres organisations privées et publiques quand on le considère du sommet. Au bonheur des comptables et auditeurs des entreprises privées, les vérités de 1920 sont redécouvertes, que la vague de la valeur actionnariale et les laxismes ont ramenées à la surface – celle du développement durable les y laissera-t-elle ? Un nouveau modèle est-il à inventer ? Qui se saisira du « contrôle » qui l'accompagnera ? Le profit n'a pas le monopole du contrôle de gestion, modèle générique de gouvernement par les résultats.

Le contrôle de gestion se renforce aussi. Il est (enfin) reconnu comme dispositif clé du contrôle interne. Le *risk management* vient le compléter, voire l'intégrer. Le rôle du contrôleur change avec les normes comptables IFRS, qui font appel à des évaluations et à des projections financières qui relèvent de lui. Aujourd'hui, c'est un risque personnel pour un dirigeant de ne disposer que d'un contrôle de gestion dépassé, qui se retourne contre le bon gouvernement d'entreprise en devenant vecteur de politiques de justification et de dédouanement. Le contrôle de gestion se diffuse, en France notamment où, par la LOLF, l'État s'y pliera peut-être. Mais voudra-t-il s'appuyer sur la vision managériale qui fait partie de l'histoire nord-américaine du contrôle de gestion ? Elle n'est pas partagée en France, où les contrôleurs se sont longtemps séparés des comptables – sans forcément gagner en légitimité. Voit-on un rapprochement, un modèle commun émerger ? La « révolution mentale » que Taylor souhaitait est-elle venue ? Le contrôle de gestion moderne peut déranger ceux qui considèrent qu'une stratégie doit être secrète, qu'il existe de « bonnes pratiques » à copier, que le *slack* se confisque comme on relève un standard, que le contrôle de gestion est juste de la comptabilité, du *reporting*.

Mais l'édifice de référence est instable. Il s'inspire, sans oser le dire, de la cybernétique, tout en sachant que la situation managériale doit s'en écarter. Paradoxe ? C'est sa loi. Toute la construction de Sloan pouvait, dès l'origine, se lire en noir. Créer une direction générale qui définira des politiques : est-ce se donner les moyens d'une croissance enfin pilotée, ou construire une tour d'ivoire pour financiers loin du terrain ? Mais il n'y avait pas, dans la GM de Sloan, de financiers loin du terrain, ils ne viendront qu'ensuite. Créer des centres de responsabilité pour décentraliser : est-ce responsabiliser des managers ou renforcer des baronnies ? Mais les plans et budgets obligent les barons potentiels à dévoiler leurs projets. Et le comité financier veille : « Nous les rattraperons quand ils auront besoin d'argent », aurait dit Sloan en apprenant les projets d'investissement d'une de ses divisions. Mais les budgets et les plans d'action ne sont-ils pas eux-mêmes une énorme bureaucratie ? Les critères financiers ne risquent-ils pas de prendre toute la place ? N'est-il pas tentant, pour un financier, de confisquer le *slack* ? Des hommes pragmatiques, emportés par leur succès, peuvent devenir des idéologues (Drucker, 1946). Caricature et simplisme guettent. Où est la régulation des paradoxes, sinon en eux-mêmes ? Paradoxes en effet difficiles à maintenir, tout dérapage semble plutôt s'amplifier que d'être freiné par un mécanisme régulateur. GM l'a montré dans son histoire même, dès les années 1960 lorsque, oublieux des stratégies de marque, ses dirigeants entreprirent de rationaliser les gammes, détruisant la différenciation de l'offre. Dans un système de gouvernement financier, les ingénieurs cédèrent la direction aux financiers, et les délicats équilibres de pouvoirs et de contre-pouvoirs, essence du gouvernement, furent rompus, entraînant le château de cartes du management jusqu'à la ruine.

Comment créer des déséquilibres créatifs ? Contrôle, confiance, incitation forment un tout. Une bonne partie des difficultés est venue d'une méprise sur un système conçu pour construire des équilibres subtils autour d'une juste rémunération du risque, laquelle est la source même d'une conception de la responsabilité qui dépasse le fait d'être « comptable » d'un résultat. L'histoire s'est répétée quand, dans les années 1980, les entreprises ont dû affronter la crise avec un système resserré. Pour certains, une cartographie détaillée des processus, à travers *reengineering* ou ABC, a semblé être une voie de solution, parfois vers un néotaylorisme. Le management oscillera toujours entre la tentation de contrôler et l'illusion d'avoir le contrôle. Même Fourier, le grand rêveur, même Ford, son inverse, savaient que trop d'« harmonie » nuit, comme le rappelle Dubreuil dans *Standards*. Comme l'avait souligné un précurseur (Jerome, 1961, p. 4), le contrôle doit aider à traiter *la complexité et le changement*. Sloan prendra conscience plus tard du paradoxe de cette « centralisation grâce à la décentralisation », qu'il nommait « décentralisation avec contrôle coordonné » : « Je constate avec amusement que ce langage est contradictoire, et que c'est cette contradiction même qui est le cœur de la question. [...] Chacun des composants *a priori* contradictoires réunis dans ce concept a un impact irremplaçable sur le fonctionnement d'une affaire. De la décentralisation, nous faisons émerger l'initiative, la responsabilité, le développement personnel, des décisions vraiment adaptées aux faits, la flexibilité – en bref, toutes les qualités nécessaires pour qu'une organisation s'adapte à de nouvelles conditions. De la coordination, nous tirons l'efficience et des économies » (A. P. Sloan, 1963, p. 53 et 429). Des travaux récents (Freeland, 1996, 2001, 2002) ont montré le caractère stratégique de cette fonction d'émergence et d'apprentissage confiée au contrôle de gestion. Elle a permis une certaine osmose entre les divisions et la direction générale, source de maintien d'une décentralisation efficace. Cette fonction a été complètement perdue de vue par ceux qui ont succédé à Sloan. À la parution de ses mémoires, un seul lecteur semble avoir perçu le grand secret de Sloan (H. Wolff, 1964).

Que cherchait-il en 1921 lorsqu'il réforma GM en imaginant ce qui constitue le contrôle de gestion d'aujourd'hui ? Pas à faire des économies. À battre Ford, à croître en resegmentant le marché. Il lui fallait une organisation qui permît de repérer les managers et de les garder. *Faire émerger des managers et leur donner des repères pour les rendre capables de saisir des occasions de développement durable non prévues.* Générer des stratégies et du contrôle stratégique. Voilà les raisons d'être du contrôle de gestion, que sans doute trop peu de dirigeants savent vraiment utiliser et laissent aux mécaniciens. Processus de *gouvernement,* il fournit aussi aux managers intermédiaires une *lecture* des buts de l'organisation et d'interprétation de leur rôle dans la structure ; aux managers de terrain, il donne des outils d'analyse et d'aide à l'organisation des *processus opérationnels,* et, à ce titre, tend à devenir un support à l'action d'opérateurs autonomes. Entreprise, même petite, mais aussi administration ou association n'ont pas à craindre d'appliquer le modèle GM bien relu à travers leur propre modèle économique.

Voilà donc le contrôleur de gestion, mal nommé, d'emblée gêné par son titre, maintenant écartelé entre un rôle taylorien classique : organiser le travail des autres, sinon les surveiller, et un rôle d'*agent du changement*. Le contrôle peut-il non seulement réguler, mais modifier ? En France notamment, où les entreprises (et les administrations) cherchent à sortir d'une culture centralisatrice pas toujours faite pour l'efficacité, le contrôle de gestion, quand il est vu pour ce qu'il est, processus de responsabilisation, fait figure de solution. Cette subtile technique faite pour mieux centraliser fascine. Le contrôleur, qui se faisait encore trop souvent comptable bavard, contant les comptes, se voit promu animateur du changement, de la déclinaison de la stratégie, pédagogue de la logique économique – bref, agent politique. Quelques-uns, de trop petit calibre, échoueront à cette tâche à supposer qu'un management un peu irresponsable la leur confie. Mais d'autres, au profil de manager, savent bien qu'un tel poste est un tremplin, un banc d'essai aux yeux des dirigeants éclairés. Rien n'est pourtant gagné. Si l'appui de sa direction est indispensable, le contrôleur agent de changement doit encore bâtir une stratégie. Quels sont ses concurrents ? Ses adversaires ? Ses alliés ? Comment va-t-il apporter une valeur ajoutée à ses interlocuteurs ? Obtenir la coopération de ceux auxquels il demande les informations de *reporting,* qui, souvent, ne servent pas à celui qui les transmet, mais à son chef ? Comment va-t-il communiquer ? s'imposer sans imposer ? Il doit amener chacun à comprendre le modèle économique de l'entreprise et le rôle qu'il y joue. Le contrôleur doit lui-même montrer la valeur qu'il crée, qui ne se réduit pas aux économies qu'il fait faire. Elle n'est durable que s'il parvient à faire faire du contrôle de gestion aux managers eux-mêmes. À lui d'être avec tact celui qui pose les questions qui parfois dérangent, qui pointe les lacunes, les illusions, les hypothèses sous-jacentes sans justification, mais écoute aussi, s'implique et apporte les outils qui éclairent, éveillent, aident et donnent du sens. Et celui qui, entré dans la structure par un poste d'observation privilégié, son art prouvé, s'éclipsera pour muter dans une grande fonction de support transversale, ou vers le management.

Car la fonction est, elle aussi, en pleine phase de changement, pour deux raisons. Les systèmes d'information intégrés comme les ERP *(Enterprise Resources Planning)* rendent plus direct l'accès à des données plus sûres. Les petits employés du contrôle, qui traquent et formalisent l'information, sont ainsi moins nécessaires en même temps que l'accès aux données ne passe plus par le contrôleur pour partie d'entre elles. Que sont devenus les aides-comptables ? D'autre part, la fonction administrative dont parlait Fayol a été intégrée par les managers, surveillant leurs écrans, souvent capables d'extractions complexes de données, et qui ont ainsi un peu moins besoin des contrôleurs. Voyez ce qu'il est advenu de la fonction qualité. Utiliser le contrôle de gestion comme levier de changement renforcera cette tendance. Les financiers resteront-ils légitimes s'ils l'accaparent ? Seuls les contrôleurs architectes, susceptibles d'étendre leurs compétences d'experts et les contrôleurs à profil de « copilote » finiront par subsister à côté des exécutants de saisie. Devant les contrôleurs de gestion dignes du nom, deux voies semblent s'ouvrir. D'abord, devenir des experts à vision élargie, ce qu'annonce le paradigme qui se généralise, celui de l'approche par processus, hérité de la qualité, passé au contrôle de gestion, maintenant acclimaté par les *risk managers*. L'intégration du risque, de la rentabilité et de la qualité, écrite dans la théorie, ouvrira peut-être une place aux experts, nouveaux « organisateurs » ou, plus probablement, architectes du contrôle interne au vrai sens du terme. Certains débats, aux États-Unis, à la fin des années 1930 et dans les années 1940, après une première crise du contrôle interne, dessinaient le contour hardi d'une grande fonction de contrôle qui serait d'actualité aujourd'hui. Déjà, certains qualiticiens annexent le management du risque. Quand bien même, par tradition, le contrôle resterait attaché à la fonction financière, les entreprises hésiteront sans doute à choisir un directeur financier qui ne serait pas passé par le contrôle de gestion, élargi ou pas. Mais, pour le contrôleur copilote, l'autre voie restera sans doute plus que jamais pertinente : passer du fonctionnel à l'opérationnel. Il y est bien préparé.

RÉFÉRENCES BIBLIOGRAPHIQUES

Anthony R. N. (1956), *Management Accounting. Text and Cases*, Homewood, Richard D. Irwin.

– (1965), *Planning and Control Systems: a Framework for Analysis,* Boston, Graduate School of Business Administration, Harvard University.

– (1988), *The Management Control Function,* Boston, Harvard Business School Press; trad. : *La Fonction du contrôle de gestion*, Paris, Publi-Union, 1993.

Anthony R. N., Day J. S. (1952), *Management Controls in Industrial Research Organizations,* Boston, Harvard University, Graduate School of Business Administration, Division of Research.

Barley S. R., Kunda G. (1992), « Design and Devotion: Surges of Rational and Normative Ideologies of Control in Managerial Discourses », *Administrative Science Quarterly*, vol. 37, nº 3, p. 363-399.

Berland N. (2002), *Le Contrôle budgétaire*, Paris, La Découverte.

Bollinger D., Hofstede G. (1987), *Les Différences culturelles dans le management,* Paris, Éd. d'Organisation.

Breeze J. D., Miner F. C. (1980), « Henri Fayol, A New Definition of "Administration" », *Academy of Management Proceedings*, p. 110-113.

Burgelman R. A., Sayles L. R. (1987), *Les Intrapreneurs,* New York, McGraw-Hill.

Burns T., Stalker G. M. (1961), *The Management of Innovation*, London, Tavistock.

Chandler A. D. Jr. (1962), *Strategy and Structure. Chapters in the History of the American Industrial Enterprise,* The MIT Press; trad. : *Stratégies et structures de l'entreprise*, Paris, Éd. d'Organisation, 1972 et 1989.

– (ed.), (1964) *Giant Enterprise. Ford, General Motors and the Automobile Industry. Sources and Readings*, New York, Harcourt, Brace & World. (1977), *La Main visible des managers*, Paris, Économica, 1989 (trad.).

Chandler A. D. Jr., Salsbury S. (1971), *Pierre S. Du Pont and the Making of the Modern Corporation*, New York, Harper & Row.

Chiapello E. (1996), « Les typologies des modes de contrôle et leurs facteurs de contingence : un essai d'organisation de la littérature », *Comptabilité, contrôle, audit*, t. II, vol. 2, septembre, p. 51-74.

Church A. H. (1914), *The Science and Practice of Management*, New York, Engineering Magazine Co., 2e éd., 1918, 535 p.

Copley F. B. (1923), *Frederick W. Taylor, Father of Scientific Management*, 2 vol., rééd., Londres, Routledge-Thoemmes, 1993.

Cordiner R. J. (1956), *New Frontiers for Professional Managers*, New York, McGraw-Hill.

Crozier M. (1963), *Le Phénomène bureaucratique,* Paris, Éd. du Seuil, .

Crozier M. (1977), Friedberg E., *L'Acteur et le Système,* Paris, Éd. du Seuil.

Cyert R. M., March J. G. (1963), *A Behavioral Theory of the Firm,* Englewood Cliffs, Prentice-Hall.

Dale E. (1960), *The Great Organizers*, New York, McGraw-Hill.
– (ed.) (1965), *Readings in Management: Landmarks and New Frontiers*, New York, McGraw-Hill.
Davis R. C. (1940), *Industrial Organization and Management*, New York, Harper & Brothers (1re éd., 1928).
– (1951), *The Fundamentals of Top Management*, New York, Harper & Row.
Donner F. G. (1932), General Motors Budgetary Control, *Accounting Review*, vol. 7, nº 1, March 1932, p. 22-30.
Drucker P. (1993), *Au-delà du capitalisme*, Paris, Dunod (trad.).
Drucker P. F. (1946), *Concept of the Corporation*, New York, John Day (rééd. 1972 ; 1983, 1993).
– (1954), *The Practice of Management*, Oxford, Butterworth-Heinemann, 1995.
Dubreuil H. (1929), *Standards, le travail américain vu par un ouvrier français*, Paris, Bernard Grasset, coll. « Les Écrits ».
Elliott V. L. (1940), « Functions and Activities of the Controller's Department », *The Accounting Review*, 15/2, p. 185-190.
Fayol H. (1916), *Administration industrielle et générale*, Bulletin de la Société de l'industrie minérale, Paris (rééd. Dunod, 1979).
Follett M. P. (1932), *The Process of Control*, Conférence prononcée à la London School of Economics, publiée dans L. H. Gulick et L. F. Urwick (eds.) (1937), *Papers on the Science of Administration*, New York, Institute of Public Administration, p. 161-169.
Freeland R. F. (1996), « The Myth of the M-Form? Governance, Consent, and Organizational Change », *American Journal of Sociology*, vol. 102, nº 2, Sept., p. 483-526.
– (2001), *The Struggle for Control of the Modern Corporation. Organizational Change at General Motors, 1924-1970*, Cambridge, Cambridge University Press.
– (2002), « When Organizational Messiness Works », *Harvard Business Review*, vol. 80, nº 5, May, p. 24-25.
Friedberg E. (1993), *Le Pouvoir et la règle. Dynamiques de l'action organisée*, Paris, Éd. du Seuil.
Giglioni G. B., Bedeian A. G. (1974), « A Conspectus of Management Control Theory: 1900-1972 », *Academy of Management Journal*, vol. 17, nº 2, p. 292.305.
Glover J. G., Maze C. L. (1937), *Managerial Control. Instruments and Methods in Industry*, New York, Ronald Press.
Goold M., Campbell A. (1987), *Strategies and Styles: the Role of the Centre in Managing Diversified Corporations*, Londres, Blackwell.
Goodwin E. S. L. (1960), « Control: a Brief Excursion in the Meaning of a Word, *Michigan Business Review*, vol. 12, p. 13-17, 28.
Greiner L. E. (1972), « Evolution and Revolution as Organizations Grow », *Harvard Business Review*, vol. 50, juillet-août, p. 37-46.
Gulick L. H. et Urwick L. F. (eds.) (1937), *Papers on the Science of Administration*, New York, Institute of Public Administration.
Hayes R., Abernathy W. (1980), *Les Faiblesses de la gestion américaine*, Harvard-L'Expansion, hiver, p. 9-22.

Hofstede G. (1981), « Management Control of Public and Not-For-Profit Activities », *Accounting, Organizations and Society*, vol. 6, nº 3, p. 193-211.
– (1987), « Relativité culturelle des pratiques et théories de l'organisation », *Revue française de gestion*, septembre-octobre, p. 10-21.
Hope J., Fraser R. (2003), *Beyond Budgeting*, Boston, Harvard Business School Press.
Hopwood A. G. (1974), *Accounting and Human Behaviour*, New Jersey, Prentice-Hall Inc.
Iribarne Ph. d' (1989), *La Logique de l'honneur. Gestion des entreprises et traditions nationales,* Paris, Éd. du Seuil.
Jerome W. T. (1961), *Executive Control. The Catalyst*, New York, John Wiley & Sons.
Johnson H. T. (1975), « Management Accounting in an Early Integrated Industrial: E. I. Du Pont de Nemours Powder Company, 1903-1912 », *Business History Review*, vol. XLIX, été, p. 184-204.
– (1983), « The Search for Gain in Markets and Firms: a Review of the Historical Emergence of Management Accounting Systems », *Accounting, Organizations and Society*, vol. 8, nos 2-3, p. 139-146.
Johnson H. T., Kaplan R. S. (1987), *Relevance Lost, the Rise and Fall of Management Accounting,* Boston, Harvard Business School Press.
Kaplan R. S., Norton D. P. (2001), « Transforming the Balanced Scorecard from Performance Measurement to Strategic Management: Part I », *Accounting Horizons*, vol. 15, nº 1, March, p. 87-104.
Kester R. B. (1928), « The Importance of the Controller », *Accounting Review*, vol. 3, nº 3, p. 237-251.
Landau M., Stout R. Jr. (1979), « To Manage Is not to Control: or the Folly of Type II Errors », *Public Administration Review*, March-April, p. 148-156.
Lawrence P. R., Lorsch J. W. (1967), *Organization and Environment: Managing Differentiation and Integration*, Boston, Graduate School of Business Administration, Harvard University; trad. : *Adapter les structures de l'entreprise*, Paris, Éd. d'Organisation, rééd., 1989.
Lévy-Leboyer M. (1980), « The Large Corporation in Modern France », dans A. D. Chandler Jr. et H. Daems (éds.), *Managerial Hierarchies. Comparative Perspectives on the Rise of the Modern Industrial Enterprise*, Cambridge, Harvard University Press.
– (1991), « La Grande entreprise : un modèle français ? », dans *Entre l'entreprise et le marché. L'économie française des années 1880 à nos jours,* sous la dir. de M. Lévy-Leboyer et J.-C. Casanova, Paris, Gallimard, p. 365-410.
Lynn J. J. (1966), Anthony R. N., « Planning and Control Systems. A Framework for Analysis », *The Accounting Review*, April, p. 379-380.
Mac Donald J. H. (1940), *Controllership: its Functions and Techniques*, New York, Controllers Institute of America.
Malcolm D. J., Rowe A. J. (eds.) (1960), *Management Control Systems*, New York, John Wiley & Sons.
Mareuse M. (1947), *Le Contrôle de la gestion des entreprises. Principes d'organisation statistique et comptable*, préface de A. Dalsace, Paris, Dunod (1re éd., 1938).

Miles R. E., Snow C. C. (1978), *Organizational Strategy, Structure and Process*, New York, McGraw-Hill.

Mintzberg H. (1973), *The Nature of Managerial Work*, New York, Prentice-Hall; trad. : *Le Manager au quotidien*, Paris, Éd. d'Organisation, .

– (1979), *The Structuring of Organizations*, Englewood Cliffs, Prentice-Hall; trad. : *Structure et dynamique des organisations*, Paris, Éd. d'Organisation.

Mooney J. D., Reiley A. C. (1939), *The Principles of Organization*, New York, Harper & Brothers, 4e éd. (1re éd., 1931).

Nikitin M. (1992), *La Naissance de la comptabilité industrielle en France*, thèse de doctorat ès sciences de gestion, Paris, Université Paris-Dauphine.

Ouchi W. G. (1979), « A Conceptual Framework for the Design of Organizational Control Mechanisms », *Management Science*, vol. 25, nº 9, septembre, p. 833-848.

– (1980), « Markets, Bureaucracies, and Clans », *Administrative Science Quarterly*, vol. 25, mars, p. 129-141.

– (1981), *Theory Z*, Reading, Addison Wesley; trad. : *Théorie Z*, Paris, InterÉditions, 1981.

Peaucelle J.-L. (2003), *Fayol, inventeur des outils de gestion*, Paris, Économica.

Porter M. (1980), *Competitive Strategy: Techniques for Analyzing Industry and Competitors*, New York, The Free Press; trad. : *Choix stratégiques et concurrence*, Paris, Économica, 1982.

– (1985), *Competitive Advantage*, New York, The Free Press; trad. : *L'Avantage compétitif*, Paris, InterÉditions, 1986.

Rathe A. W. (1960), « Management Control in Business », dans D. J. Malcolm, A. J. Rowe (éds.), *Management Control Systems*, New York, John Wiley & Sons, 1960, p. 28-62.

Rimailho lieutenant-colonel (1928), *Établissement des prix de revient*, Paris, Confédération générale de la production française, Commission générale d'organisation scientifique du travail.

– (1936), *Organisation à la française*, Paris, Delmas, .

Schell E. H. (1926), *The Technique of Executive Control*, New York, McGraw-Hill (1re éd., 1924).

Sloan A. P. (1919?), *Study of Organization*, United States *vs*. E. I. Du Pont de Nemours *et al.*, US District Court for the Northern District of Illinois, Eastern Division. Civil Action 49C-1071, 1953. Defendant's exhibit GM-1. Réimprimé dans Dale (ed.) (1965), *Readings in Management: Landmarks and New Frontiers*, New York, McGraw-Hill, p. 215-219.

Sloan A. P. Jr. (1963), *My Years with General Motors*, rééd., New York, Doubleday, 1990.

Williamson O. E. (1975), *Markets and Hierarchies: Analysis and Antitrust Implications*, New York, The Free Press.

Wolff H. (1964), « The Great GM Mystery », *Harvard Business Review*, sept.-oct., vol. 42, nº 5, p. 164-178. Repris en résumé dans *Harvard Business Review*, vol. 67, nº 2, mars-avril 1989, p. 41.

Woodward J. (ed.) (1970), *Industrial Organization, Behavior and Control*, Oxford, Oxford University Press.

Wren D. A. (1987), *The Evolution of Management Thought*, 3e éd., New York, John Wiley & Sons.

TABLE DES MATIÈRES